覚悟がすべてを変える

運とお金の正体

安藤功一郎
連続起業家・令和の虎

青志社

まえがき　ビリオネア令和の虎のプロフィール

「僕は起業して社長になり、会社を大きくしたい！」

「私は新しいサービスを考え出し、世の中を変えていきたい！」

こんな願いをいだき、成功を目指して頑張っている若者たちが、僕は大好きだ。

その人の経歴がどうで、これまで何をやってきたか、あるいは、これからどんな分野で何をやろうとしているかは、関係ない。

とりもなおさず、「いいぞ、いいぞ！」と共感を込めて、応援したくなってしまう。

昔から僕にはそんなところがあると思うが、YouTube の『令和の虎』に出演させてもらうようになって、若い人たちのチャレンジ精神に共感する機会が、ますます増えた。

タイを本拠地にしている僕は、最低でも月1回、日本とタイを往復する。空港やホテルなどで、

「安藤社長ですね？　令和の虎、見ました。ボクも小っちゃな会社やっていて、なんとか

成功させたいんですよ」

と僕に話しかけてくる若い人が、何年か前よりケタ違いに多くなった。

いま勤めている会社から独立しよう、と思っているサラリーマンやオフィスレディ。まず専攻した学問を生かす会社に入るが、そのうえで起業のチャンスを狙うつもり、という大学生。ちょっと話すと熱い思いを吐露してくれる人にもよく会う。

振り返れば、僕もそんな若者の1人だった。

「自分という人間が、どこまでやれるか確かめたい」
「新しい何かに挑戦して、自分が考えたやり方が通用するか試したい」

僕は、こういう考えが強い子どもだった。まわりの友だちが、やらないことや考えないことを、あれこれ工夫してやってみて、結果を知りたいという欲求が、とても強かった。

2005年、24歳の秋、僕は大学卒業後に3年いた中古車販売・買い取りのガリバー（現IDOM）を辞めた。

このときも同じで、海外で起業する覚悟を決めていた。日本以外の場所で、自分がどこまでやれるか確かめたかったのだ。僕は退職直前、たまりにたまっていた有給休暇を使って、〝起業の場所探し〟の世界旅行へ出発。帰国して「タイだ。タイしかない」と決め、さっそく首都バンコクに移住した。24歳の10月だ。

タイでは、旅行会社や不動産会社など10に近い起業をして、これまでに7社をM&Aで売却、**連続起業家として実績を上げてきた。**

平均して2年に1社の起業を繰り返し、いつも3〜4社をやっていた感じだが、どの起業・経営・会社売却も成功して、それなりのお金も手に入れた。

タイで始めた旅行会社は年商20億円ほどまでに成長させて売却し、そのあと不動産会社ディアライフ（dear life）を起業した。この不動産会社 ディアライフは、2022年5月には、東証グロース上場企業のGAテクノロジーズと経営統合をして僕は役員となり、海外事業を担当し、またGAテクノロジーズ（Thailand）の代表取締役CEOを務めるとともに、グループ会社RENOSY（Thailand）の代表などを務めている。

年収は、一応ビリオネアと呼ばれる億円単位。役員を務めているGAテクノロジーズの売上高も1600億円を超えて、**次は1兆円に向けての戦略**を立てて、東南アジア・北米・インドなどを視野に海外展開をしている。

自分が世界でどこまでやれるか確かめたい。

1つのことだけをこつこつ長年続けて道を究める職人、学者、アーティストといった仕事も、もちろんすばらしいと思うけれども、あまり僕の性に合わないようだ。

社会に出て、人びとのなかで挑戦して、自分のやり方がうまくいき、「やった！」と思う喜びに浸りたい。その強い思いをたえず持って日々を送っている。

いまの会社に留まらず、チャンスがあれば起業したい、いずれ密かに考えている夢を実現したいと思っている人たちも、成功すれば同じ喜びを味わうことができる。だから僕は、彼らを応援したいのだ。

起業やビジネスで頑張っている多くの人のヒントや参考になるだろうと思う経験を、僕はいくつも重ねてきた。そんな経験に基づいたメッセージを、この本で、できるだけ多くの若者たちに伝えたい。

とりわけわかってほしいのは**〝強い思い〟、言い換えれば〝覚悟〟の大切さだ。**

あなたは自分のことを、いつも迷っている、優柔不断だ、失敗を怖がってばかりいる、などと思っているかもしれない。しかし、**どんな人でも「こうしたい。こうなりたい」と**

いう思いが必ずある。顕在化していない潜在意識かもしれないが、あなたの中にもあるはずだ。

いまの時代は、自分の好きな道を誰もが自由に選ぶことができる。それに伴う可能性とチャンスは、とても広がっている。だから自分がめざす関心事を持ち続け、自分の心の声に耳を澄ましてほしい。そして心の底から自分の夢の実現を願い、考え続けてほしい。そのために自分はいま、生きているんだ、ということを決して忘れないでほしい。

強い思い、それによって、あなたのすべてが変わる。
踏み出すことによってすべてを変えるのだ。

さあ、いまから、自分の挑戦を始めてほしい。起業をするにあたって必要なことは、すべてこの本に書いた。あなたの成功を、僕は信じている。

2023年12月

安藤 功一郎

覚悟がすべてを変える　運とお金の正体＊目次

1

いま、虎からのメッセージ
起業を目指して格闘する若い異端児たちへ

2

「運」との出会い
もしも、あのとき、があったから、いまの自分がある

3 情報を生かす力

集め、分析し、ビジネスに結びつける

4

「強い思い」を磨く

起業の〝源流〟は子ども時代。ずっと強く思い続けた

5

覚悟がすべてを変える75の言葉

〝メンタル成功習慣〟と行動する力

6

未来へ向けて
これからやることは、もう決まっている

1

いま、虎からのメッセージ

起業を目指して格闘する若い異端児たちへ

僕が教科書とした伝説のテレビ番組『マネーの虎』

読者には、YouTube『令和の虎』に出ている僕を見た人もいるだろう。

大学生で20歳すぎのころだったと思う。僕は『令和の虎』の前身ともいえる伝説のテレビ番組『マネーの虎』（２００１年10月〜04年3月、日本テレビ系で放映）を、リアルタイムで見ていた。

もう20年も前、しかも、ふつうの子どもなら寝ている土曜深夜の放送だから、いま30代以下で覚えている人は、ほとんどいないだろう。

これは、登場する志願者が、〝マネーの虎〟と呼ばれる起業家や経営者たちの前で、自分が始めたい事業や実現したい夢をプレゼンテーションする番組。虎たちは、質問やツッコミを重ねて、実現できそうか、自分が乗れるプランかどうか、確かめていく。

マネーの虎は、太平洋戦争初期に英領マレーとシンガポールを攻略した陸軍中将・山下奉文《ともゆき》のあだな「マレーの虎」からのシャレだ。

審査員でもある虎が、自腹を切って出資しようという意志を固めれば、出すと決めた金額の札束を積む。

順に虎たちの出資額を聞いていき、合計が志願者が希望した金額に達するか、上回るかすれば、「マネー成立です！」と宣言されて、プレゼン成功。志願者は、そのお金を受け取り、事業や夢の具体化を目指す。

出資者ゼロ、または、出資者がいても合計が希望額に達しないときは、「ノーマネーでフィニッシュ！」となって、プレゼン失敗。志望者は手ぶらでしおしお帰る。

思いつきに毛が生えただけと思える生半可なプランや、世間知らずの甘ったれた考え方には、厳《きび》しい叱責《しっせき》が容赦《ようしゃ》なく飛び、罵倒の集中砲火にさらされることもある。

こりゃおもしろい、と僕は思った。

プランを提案した人が、虎たちにボコボコにされるシーンが、強烈な印象として残っている。台本なし予定調和なしで、どうなるかわからない展開が楽しみだった。

出演していた社長さんたちも、成功者というのはすごいな、かっこいいな、と思った。

僕には、自分もいつか起業して社長になろうという考えがあったから、「これこれの理由で売れない気配濃厚だ。何か打つ手は考えているのか？」といったビジネス上の指摘が参考になった。表面的には**罵倒しているだけのように見える社長たちの真意や思惑や熱い**

想いを読み解くことも、とても勉強になった。

『マネーの虎』は、終了後も番組フォーマットが輸出販売され、似たような番組が海外でさかんにつくられたと聞く。何事もオブラートに包まず「俺はこう思う」と意見を戦わせる人の多い欧米のほうが、たしかに日本よりウケそうだ。

何年か前、昔の『マネーの虎』ビデオをYouTubeで見つけて、とても懐かしく思った記憶がある。

令和の虎としての出資総額は1億2000万円を超えた

2018年12月、YouTubeで『就活の虎』の配信が始まった。『マネーの虎』に出演していた岩井良明さんが主宰し司会も務める、テレビ版の後継番組だ。

ある日、YouTubeで「就活の虎改め『令和の虎』が始まる。社長さんたち募集！」という告知を見た僕は、見た瞬間に「若者たちに僕のメッセージを伝える大チャンスだ。出るしかない！」と思った。

応募して会った岩井良明さんは、**「昔のマネーの虎と違って、これからは海外で挑戦したいという志願者がどんどん出てくるはず。**だから、**安藤さんのように海外で活躍する虎が**

いてくれるとありがたい。ぜひ出演して、日本人起業家からは出てこないような、おもしろい見方を語ってください」と誘ってくれた。

岩井さん自身も、リクルートの営業をへて塾講師になり、やがて株式会社モノリス（現・代表取締役会長）はじめさまざまな会社をつくって、塾・予備校・教育システム販売・飲食店・芸能事務所などを手がける起業家である。

『令和の虎』がスタートしたのは19年4月、僕の出演は5月からだ。番組では出演30回以上をレギュラーと呼ぶらしく、僕もレギュラー十数人の1人である。

番組コンセプトは『マネーの虎』と基本的に変わらない。

お金がほしい〝虎の子〟（志願者）が5人の〝虎〟（投資家や起業家）の前で事業計画をプレゼンする。審査をする虎は、いけると思えば出資をする。

志願者は、何の飾り付けもない白壁の部屋にドアを開けて入ってきて、司会の隣に着席し、名前と学歴・職歴など簡単に自己紹介したあと、希望金額と出資形態を言う。

司会「あなたが思い描く未来の姿は？」に、志願者「○○を開発・販売することで××を提供したい！」と答えたら、『令和の虎 Tiger Funding All or NOTHING』のタイトルが出て番組スタートだ。

僕はどんな人のどんな話でも、話を聞くと共感してしまい、応援したくてムズムズしてくる。

ちゃんと数えていないが、僕の感じでは、目の前でプレゼンした志願者の7割くらいに出資していると思う。出資総額は２０２３年10月までに1億２０００万円を超えた。出資した**志願者数は約40人。１件あたりの平均出資額は３００万円**といったところだ。

虎たちの出資額トップは、学生時代に武田塾を開き、いまはフランチャイズ支援のＦＣチャンネルという会社をやっている林尚弘《なおひろ》さん。林さんの出資額は2・5億円くらいだと思うが、次が僕。僕は林さんより出演回数が少ないから、出演番組１回（志願者１人）あたりの平均出資額を計算すれば、僕のほうが多いかもしれない。

僕が「応援する」「しない」人の基準は、直感だ

『令和の虎』で志願者と向き合うとき、僕は「こういう人は応援（出資）する。そうでない人は応援しない」という基準らしきものを、一切設けていない。

「こんなタイプの人が好きで、あんな人は苦手」とも思わないし、僕の手がける不動産業に近い分野を重視することもない。事業のジャンルは問わず、性別・年齢・出身・学歴なども、僕の判断とは、まったく関係がない。

ようするに「自分はこれをやりたい。お金がいくら必要だから、応援してほしい」という若い人のプレゼンテーションを、食わず嫌いせず、何の先入観も持たずに聞く。

それで「おもしろいな。応援したい」と思えば出資し、思わなければ出資しない。

フィーリング重視というか、個別のケースごとに自分の直感で対応するようにしている。

これは、僕のビジネスのやり方——ある新事業をいけると見て起業するか、やめておくか、を決めるやり方と同じと思ってもらっていい。


僕が応援も出資もしないのは、その人のプランが甘すぎて必ず失敗する、またはプランどおり実現したとしても誰かが不幸になる、と僕が思ったケースである。

いつもこの2つに1つで、例外はないはずだ。

2つめは、僕がビジネスで「絶対やらない」と決めていることでもある。

どこからどう見ても間違いなく儲かると判断した事業でも、実現したとき、一部の社員とか、似たことをやっている同業他社とか、事業の拠点付近に住む住民とか、誰かしらが必ず不幸になる——と思ったら、僕はやらないし、起業もしない。

令和の虎の支援（出資形態）には次の3つがあって、希望するものを希望金額と同時に番組冒頭で発表することになっている。

①融資（投資家がお金を貸し付け、志願者が利子をつけて返済する。つまり、志願者に返済義務がある）

②投資（投資家が志願者から株式などと引き換えに出資し、配当を受け取り、会社の価値の拡大に期待する。志願者に返済義務がない）

③社内ベンチャー（投資家が、自分の社内などで志願者のビジネスを立ち上げ、オフィス提供をはじめ必要な支援をする。志願者はビジネスを軌道に乗せて独立を目指す）

このうち、①の融資を受ける場合は、事業が成功すればよいが、失敗したときは志願者が借金を抱えてしまう。

その人が融資を希望して、しかもプランが甘すぎて失敗しそうだと僕が思うときは、事業のパッとしない見通しに加えて「たぶん、あなたが不幸になる」という考えから、応援を見合わせるわけだ。

とにかく誰も不幸にならず、その人が真剣にその事業を目指していると見れば、成功・失敗の可能性が半々くらいだとしても、基本的に出資していると思う。

他人が何と言おうと自分の生き方に自信を持つ

僕がそうしていることの根底にある理由は、たぶん次の2つ。

1つは、僕は両親に「こうしなさい」「こうすべきだ」と何一つ言われず、やりたいことをやらせてもらって育ってきた。だから、みなさんにも僕と同じようにやりたいことをやっていただきたい、という思いが強いからだ。

もう1つ、僕は、誰のどんなプランでも、頭から否定はしない。「儲からないどころか、おそらく失敗するだろう」と思っても、「それはダメ」と言わない主義である。

「令和の虎、見てます。安藤社長って優しいんですね」と言ってくださる人がいるけど、僕の性格というより、そういう主義・やり方と思ってもらったほうがいい。

僕の両親は、僕が言うことを一度たりとも否定しなかった。心配なときでも、たとえば母が「それってあなたの年齢でできることなの？」と僕に聞き、「そこは大丈夫」「あ、そう」で話はおしまい。

このおかげで、僕は〝自己肯定感〟が強いままで、子ども時代や十代後半を過ごすことができた。そうできた自分はとても幸せだった、と思っている。

そんな自己肯定感――**「大丈夫、自分はこれでいい。自分には生きる価値がある。必要とされる場所もあるんだ」という自信につながる感覚**を、若い人たちにも感じてもらいたいんだ。

お金で苦労している人へ僕が出資する条件

もう1つは、タイで起業した僕が、お金――資金調達でとても苦労したからだ。

タイの銀行は、タイでつくった会社で大儲けしていても、「日本人である」という理由から、僕にお金を貸さない。

三井住友や三菱UFJはじめタイに海外支店をおく日本の銀行は、タイ駐在の日本人や日系の現地企業に、その人や企業の日本本社の与信で（信用して）、お金を貸す。

ところが、僕は日本に親会社などないし、「日本でこんな会社をやっています」と渡す名刺もない。タイで僕にお金を貸してくれる人（金融機関）は皆無だった。

すると、来年やろうと思う投資に、今年の利益を全部注ぎ込んでもまだ足りない、という状況になってしまう。思い切ったビジネス展開ができず、悔しい思いを何度もしたものだ（だから僕は２０２２年、日本のＧＡテクノロジーズと組んだのである。このことは、あとで話そう）。

もしタイで資金を貸してくれる人がいたら、すごくありがたかったし、もっと早く事業を拡大させることができた、と僕は思う。だから、かつての僕に似ていると思う人には、出資するようにしている。

お金で苦労している人というのは大勢いる。自分がそうだったから、よくわかる。

「誰か、いますぐ僕に1億円を貸してほしい。そのお金でこうして事業をスケールアップできる。すると1年後は2億、2年後は3億、稼ぎが増える」と間違いなく思えるのに、貸してくれる人も銀行も見つからないことが、よくあるのだ。

しかも、急成長したからこそ、今後の展開にお金が必要なその人は、お金に困っているようには、周囲から見えない。誰も手がけなかったビジネスで成長したその人が、なお拡大する秘策を持っているなどと、ふつうの人が気づくはずもない。

「千載一遇《せんざいいちぐう》のチャンスなのにお金がない」とわかっているのは、その経営者だけだ。

「この大チャンスの瞬間を、絶対に逃したくない」という強い気持ちが伝わると、僕はすぐ志願者に感情移入して、出資してしまう。

『令和の虎』に出ていると、年上の人たちから、「いまお金がほしい、起業して成功したいという若者は、安藤さんが若かったころと比べて、どこがどう違う？」と僕はさかんに聞かれる。それこそ判で押したように、みなさん同じ質問をする。

海外で仕事をしている僕は、自分の発想がステレオタイプにならないように気をつけている。だから「いまどきの若い者は」「タイ人というのは」「最近の日本人は」などという言葉（主語）は、なるべく使わない。人びとをひとまとめにした集団にレッテルを貼ってしまわないように、心がけているんだ。

集団の1人ひとりを見れば、集団に貼られたレッテルと異なることが多いから、レッテル貼りの意味は薄い。「いまどきの若い人には××の人が多い」と言っても、××の人も○○の人も△△の人も、いるに決まっている。××の人は、いまどきの高齢者にも大勢いるよ、という話である。

ただし、時代の変遷《へんせん》のなか、ある世代の人たちが特有の経験をした結果、たとえば「彼らは、小学生のときからタブレットなどのデジタル端末に習熟している」という明らかなファクツ（事実）があれば、「だから、○年以降に生まれた子どもたちの感性は……」と議論していい。これは感覚的なレッテル貼りとは違う話だ。

というわけで、『令和の虎』に出ているという立場から、若者の〝一般論〟を語ることは、僕は遠慮させていただく。

番組で僕が出資した、または出資しなかった若者たちについては、一般論としてではなくお話ししておこう。

出資した虎の子たちは、事業の進捗状況を虎に報告することになっている。まだ継続中の事業だから、成功か失敗か最終的に確定したわけではないが、**僕が出資したケースのうち９割以上は、ちゃんとお金が戻ってくるだろう、と見ている。**

40人のうち出したお金を心配していないのが36人、もう事業はダメで出資金は戻らないだろうと思うのが２〜３人、どうなるかわからないのが１〜２人――というところだ。

僕は、この成績に満足している。

こちらの期待に応えて志願者たちが頑張っていることがとてもうれしいし、彼らにおおいに敬意を表したいと思っている。

もっとも、「いったいどうなってんだ？　いい加減にしてもらいたい」と思うケースもある。

虎たちみんなが呆れはて、1人が「ふざけんじゃねえ！」と机を蹴っ飛ばして立ち上がり、ブン殴ってやるという勢いで志願者に迫った回もある。

たとえば、以前タイの僕のところに訪ねてきた若者がいた。

『令和の虎』に出たことがあると言うから会って、「いまどんなことしてるの？　これからどうしたいの？」など、あれこれ話した。そのうち「手持ちのお金が、いま300円しかない」と言う。今夜泊まるところも見つけてないようで、トラブルに巻き込まれでもしたらまずい。そう思った僕は、返してもらうことは期待せず、その人に10万円を渡した。借用証は受け取ってないが、まあ常識的には、貸したわけだ。

この人がリベンジ版と銘打った『令和の虎』に再登場。東南アジアで日本人向けにかつてない癒やしを与える店を開きたいと夢を語った。僕も虎の1人として出演した。

僕は右の経緯を紹介したあと、「いまのいままで、何の連絡もなかったのは残念」と、途中で「不合格」の札を出した。最終的なジャッジでは、フリップに出資額「マイナス10万円」と書いて出した。ほかに出資額「10万円」と出した虎が1人いて、残り3人の虎は出資額ゼロ。結局その人への出資はなく、さっさと帰れという結末だった。

彼はいかにもヘラヘラした態度で終始したのだが、優しい虎たちは、いきなり「おい、そのヘラヘラ笑い、すぐやめろ！」と怒鳴りつけたりはしない。その前にまず、「あなたの受け答えが、こちらをイラつかせていることに気がつかない？」「目が悪いの？　こちらの表情を読み取れていないんじゃないか？」――と、つまり「コミュニケーションの基本をわかりなよ」と伝える。「話す相手を必ずイラつかせる人がビジネスをやって、うまくいくはずない。そんな人に出資する人もいないだろ」と丁寧に意見する。さじを投げていた僕は、黙って聞いていたが。

それでもわからず、衆人環視のなか虎たちにボコボコにされてしまうのは、致命的なマイナスと思うが、みんなから「出てたね」と言われ、顔は売れる。非常識な奴と思われようが、みんなに見て、知ってもらうからうれしい。

そんな、恥も外聞もない人がいる。

それでも僕は、夢を叶えるためにチャンスに挑戦する若者がいることに諦めてはいない。

『令和の虎』で、希望額1億円を難なく達成したヒカルさん

志願者は基本的に起業を目指す一般の人たちだが、有名人ゲストの出るスペシャル回もある。僕が出て印象的だったのは、有名YouTuberのヒカルさん出演回だ。

彼は、希望金額と出資形態を聞かれた冒頭から立ち上がり、

「よくわからないまま、ノリでここに来た。希望金額も、投資してほしい事業もない。知りたいのは〝俺の価値をいくらと見積もるの？〟ということ。僕はバズらせること、物を宣伝して売ることが得意。僕を使えば必ず売れる。（出資したリターンの期待で）志願者に頼るのでなく、虎としてのビジネスセンスを見せてくれ。僕の価値がわからないなら、もう老いている」

などと、こちらを挑発。

この異例のプレゼンに、居並ぶ虎たちからは、「なに、この志願者」「くそダルゥ」「生意気なヤツ」とブーイングの嵐。

そうはいっても一応ルールだから、とうながされ、ヒカルさんは希望額1億円、未来は

「ポケカ（ポケモンカード）がほしい」と答えた。

さらに「岩井さんからは、安藤社長にだけ媚《こ》び売ってりゃいい、金は安藤が出す、といわれた。だから今日は、安藤1本釣りでいく」と宣言。「ええっ⁉」と、もう僕は笑うしかない。

話が盛り上がっていくと、まずフランチャイズ支援の林さんが出資を決め、3000万円まで増額。ほかの虎たちも、慎重な人が500万、別の人が2000万と、次々出資を決めていった。

僕は**「ヒカルさんは、自分が売れば必ずバズる、売れるといった。スニーカーも服もそのとおりだろう。でも、僕の手がける不動産は、若い人が簡単に買うものではないから、そこはどうなのか?」**と聞いたが、この人と組めば新しくおもしろいことがいろいろできそうだ、とも思った。

最終的に僕は、自分の支援について、いま2000万円出資と決めず、「ヒカルさんと組んでうまくいったら、成功報酬を出すと約束する。その金額にはいくらまでという制限をつけない」というかたちにしたい、と提案。結局、志望者ヒカルさんは『令和の虎』で過去最高の〝希望額1億円〟を達成して幕となった。いや、おもしろかった。

23年4月半ば配信のヒカルさん出演回は、半年後までの再生回数が800万超。ついたコメント数も1万件以上だからものすごい。

ネットで令和の虎を検索すると、志願者が徹底的にボコボコにされて大炎上とか、虎たちがこらえきれず感動の涙とか、大きな話題を集めた映像がすぐ見つかる。

あまり騒がれなかった回でも、ビジネスや起業のヒントや気づきが満載だ。自分がやりたいと思っていたビジネスはたいてい誰かがとっくに起業して儲けている、とわかることが多い。

ぜひ一見を、とお勧めしておく。

起業のコツを解く3つのメッセージ

令和の虎の話はこれくらいにして、ここから起業のやり方について、僕の考えを述べていきたい。みなさんにお伝えしたいメッセージは、次の3つだ。

（1）起業は、スモールスタートでいこう！

（2）起業は、スピードこそがもっとも重要だ！

(3) 起業では、自分の直感を信じ、自分にこだわり、自分を大事にしよう!

起業のコツを教える指南書・教科書的な本が山のように出ていて、どんな会社形態を選ぶか(または個人事業主でいくか)、申告の仕方、情報の集め方、人脈のつくり方、挨拶や礼儀が大事——といったアドバイスが載っている。本の目次をちらと見ただけだが、印鑑はチタン製に限るなんていうアドバイザーもいる。

ここでは、細かい話は省き、どうしても伝えておきたい3点にしぼろう。情報や人脈の重要性については、この先の章で、僕の経験と重ねながら触れようと思う。

起業する人たちに、僕は、〝スモールスタート〟を強くお勧めする。

「小さく始めよ」や「小さく始めて、大きく育てよ」と言い換えてもいい。

起業するなら、大きな資金や長い時間のかかる大がかりなやり方ではなく、お金も時間もあまり必要としない小規模なやり方で着手すべきだ、ということである。

(1)スモールスタートは、それ以外に僕が重要だと思う(2)スピードと(3)自分へのこだわりにダイレクトに結びつく方法だから、この点でも推奨する。

逆に「起業にはスピードがもっとも重要で、自分へのこだわりも不可欠だ。だから、やり方はスモールスタートしかない」という言い方もできる。
まず、スモールスタートのメリットを列挙しよう。難しいことは何もない。誰でも納得できることばかりのはずだ。

スモールスタートのメリットとデメリット

まず、メリットから話してみよう。

①スモールスタートは、必要なお金・人・もの・時間などの経営資源（リソース）が小さくて済む。

たとえば、5人雇って始めれば、5人分の給料がかかる。オフィスや店舗を構えれば、賃料や水道光熱費がかかる。10種類のものを仕入れて売れば、仕入れ先が何社かになって管理も面倒になる。

だから、誰も雇わず自分だけで始めるか、手伝いのバイトを1人だけ雇う。住んでいる自宅をとりあえず事業の拠点とする。店は構えずオンライン販売や車で移動販売をする。あつかう商品を1つに限って取引先も1社にし、ターゲットとするお客さんもしぼり込む——というのが、スモールスタート。こうして乗り越えるハードルを低くできる。

②スモールスタートをすれば、あらゆる場面で身軽に動くことができ、ビジネスのスピードを速くできる。

起業して始めたサービスや物品販売が思うようにいかず改善が必要だ。取引先やお客さんとのトラブルに巻き込まれた。市場のニーズがちょっと変化してきた。自分と似たようなことを始めるライバルが現れた。思いがけず大手企業が参入してきた――など、トラブルや、環境の変化が、起業には付き物だ。

昔から「不確実性の時代」といわれてきたが、世界を見わたせば、2～3年前には専門家すら予測できなかった事態が頻発。エネルギー価格はじめ物価の高騰、水産物の対中国輸出停止などが起こっている。異常気象で100年に1度という大雨が各地で降り、暑さも観測史上初の連発。ビジネスを取り巻く不確実性はますます増大し、明日どうなるかわからない。何が起こっても、必要な対応をしなければいけない。

そのとき、もともと身軽なスモールスタートならば、トラブルや変化を見つけることも容易だし、素早く動いて対応できる。最悪の場合、撤退するしかないとしても、失敗の影響を小さくできる。

③スモールスタートするのが社長1人だけ、または社長とバイト2～3人だけならば、

社長がすべてを把握し、すべてをコントロールできる。

意志決定する1人が「全部わかっていること」は、とても重要だ。

社員から報告を受け、会議で話し合い、対応を決め、解決のために誰かを派遣して……というプロセスが一切不要。社長が問題を直接聞いて、駆けつければよいのだから。

タイで最初に起業した携帯電話販売業は僕1人。その次の旅行会社は僕1人と事務を頼んだタイ人の女の子4人だけ。どちらも典型的なスモールスタートだった。

もちろん、**スモールスタートにはデメリットもある。**これも箇条書きしておく。

①スモールスタートには、**メリットの裏返しで、あまりお金はかからないが資金調達が難しい、**広告費もかからないが多くの人に知ってもらうのが難しい、店舗は不要だがお客さんの顔が見えにくく固定客をつかみにくい——といったデメリットがある。

いずれも避けようがないから、注意して対応し、乗り越えていかなければいけない。

②スモールスタートは、もともと**小規模なビジネスだから、大きなビジネスにして、大きな利益を上げるまでに、時間がかかる。**

起業した月は売り上げ100万円で利益20万円しかなかったが、3か月後に月商

300万円で100万円近い利益が出て、1年後に月商1000万円ということは、難しくないかも。しかし、月商1億円、あるいはそれ以上に持っていくには、それなりの時間がかかる。やり方そのものを、大きく変える必要があるかもしれない。

③スモールスタートは小規模だから、**規模のメリットを生かす大規模な競争相手と正面衝突すれば必ず負ける。**大量生産品と同じものをつくって売っても価格競争で勝てない。大規模企業にできない、または気づかない〝隙間〟を狙う必要がある。

④スモールスタートは、**大きくしていく過程で〝つぎはぎ〟のようなかたちになってしまい、非効率になったりムダな出費がかさんだり、という落とし穴に陥《おちい》りがちだ。**

事業の方針がスモールスタートのときと同じままだと、大きくなりかけている会社に馴染まないことを、だらだら続けてしまうリスクがある。

あるタイミングで考え方そのものを変え、事業を整理して切り捨てるべきものは切り捨てる、あつかう商品を見直す、外注できるものは外注する、弱い部分を補ってくれる誰かと組む、ターゲットとするお客さんを変える——といった手を打つ必要があるわけだ。

「ビジネスというのは人生に似ている」と、僕はしばしば思うことがある。

子どもが大きくなったのに、親や周囲が幼児期のような子育てを続けてうまくいかず、親が子離れできない、なんて話をよく聞くが、スモールスタートも同じだろう。たぶん最初のうちは、少しずつ変化させていくのがいい。でも、子育てでいえば子どもが思春期を迎えるような大きな曲がり角では、やり方を変えたほうがいい。

起業には、なぜスピードが最も大切なのか

次は、起業は、スピードこそが最も重要という話だ。

僕は、他社より早くビジネスを始めて、何があってもいち早く手を打ち続けてきた。だから、いつも他社よりうまくいき、売り上げも利益も増大した。最初に勤めたガリバーでも、起業を繰り返したタイでもそうだ。

この経験から、僕は**「ビジネスはスピードだ」**と思っている。

もっとも、ガリバー以前はどうだったっけ、と僕の考えをどんどん遡《さかのぼ》っていくと、子どものころからの〝せっかち〟という性格にたどりつくような気がする。

僕は「これをやろう」と思ったら後先あまり考えず、すぐ始める子どもだった。物事を〝ダラダラやる〟やり方が、子どものときから嫌いだ。たとえばテレビを見ながら宿題を

やるのは、時間が余計かかるからイヤというより、やり方そのものが性に合わない。夏休みの宿題を、8月25日くらいまでやらないって子が多いと思うけれども、僕は最初の1週間で必ず全部終わらせた。誰かに言われて、そうしたわけじゃない。うちの親は何も言わない自由放任主義で、夏休みの宿題をやろうがやるまいが、一切何も言わない。だから、自分はもともとそういう人間なんだ、と考えるしかないようだ。

せっかちだから、いったん覚悟して決めたことは、さっさとやりたい。そして、やった結果を、なるべく早く得たい。うまくいったかダメだったか早く知りたいので、途中のプロセスで自分がやることも、自然に速度を増していく。

横道や脇道にそれて遅くなるのはイヤだから、いちばん早く先にいけそうな一直線の道を選んで進む。すると、自分が最初に決めた覚悟が貫かれる。「信念を貫くぞ」と思っているというより、「できるだけ早く一直線で進むぞ」と思っているから、結果的に信念が貫かれるようなところが、僕にはあるようだ。

起業で重要なスピードについて、考え方を整理しておこう。

①僕が推奨するスモールスタートは、**もともと手持ち資金が少ない**から、何かやって利

益が出なければ、どんどんお金が減っていく。資金が底をつけば次の手を打つことができず、起業は失敗に終わってしまう。

だから**起業は、資金に余裕のあるうちに、売り上げも利益も拡大させて、事業を軌道に乗せることができるかどうかが勝負**。これには何よりスピードが重要だ。

②スモールスタートのところで話したトラブルや環境変化にいち早く対応し、お客さんをつなぎとめ、売り上げを維持するために、スピードが重要なことも言うまでもない。

③見当違いの方向を目指して、いくら猛スピードで走っても、ゴールにたどり着くことはない。何も考えず、**がむしゃらに走り出してはいけない。**

もっとも、慎重に考えすぎ、準備をしすぎても、走り出すタイミングが遅れてしまう。ここまでは必要最低限の準備、ここからは全速力のスピードという見きわめが大事だ。

重要なのは想定範囲内にバッド・シナリオも考えておくこと

起業とは、山の上のほうに石がいくつも転がっているとき、どれか1つを選んで全力で押し、坂を転げ落ちさせるようなものだ、と思う。

その石が転げ落ちるまでが肝心で、体力のあるうちに少しずつ動かし、最後の一押しを加える。こうして石が転がり落ちはじめたら、あとはまずまず勝手に落ちていき、あまり心配はいらない。もう少しで石が落ちるという直前に体力を使い果たしてしまったら、アウト。起業は失敗だ。

このローリング・ストーンズのたとえで、考えてほしいことは2つ。

1つは、石を動かして落とすまでの時間勝負。猛スピードで急ぎに急ぐことである。**もう1つは、どの石を、坂のどの方向に押すかという吟味だ。**四角い石より丸っこい石を選んだほうがいいし、見下ろした坂の途中に障害物のないほうが石はうまく転がる。

つまり、事前にいくつかプランをつくって準備することが必要だ。

いちばん理想的なグッド・シナリオは、うまくいくぶんにはあまり重要ではないというか、年商1億円のシナリオが3億円になっても、困ることは少ない。

でも**バッド・シナリオは入念に検討し、起こるかもしれない想定範囲をある程度、広げておくべきだ。**自分勝手ではない、世のトレンドや客観情勢の変化も見通したシナリオ。とくに、いちばんうまくいかないシナリオを手に、猛スピードで走り出すのがいい。

こうすれば、起業してから起こることは、すべて自分の想定範囲内。ならば何があっても焦らずに済むだろう。

僕が『令和の虎』で「この人のプランは甘いな」と思うのは、重要なバッド・シナリオ、最悪のシナリオが、その人のプレゼンから抜け落ちている場合が多い。

「朝令暮改」がビジネスを大きくする

スピードの話をしたところで、僕が座右の銘にしている言葉を紹介したい。

「今日できることを明日に伸ばすな」

今日できることは絶対に今日やる。すると、結果が明日わかる。でも、今日できることを明日にしたら、結果は明後日にしかわからない。

僕はいつだって結果を早く知りたい。結果を早く知れば、それだけ早く次のアクションを起こせる。このままがんがんいくか、ちょっと修正すべきか、1日早くわかる。

「PDCA」というビジネス用語をご存じだろうか。これは、Plan（計画）・Do（実行）・Check（評価）・Action（対策・改善）の頭文字。「PDCAサイクル」といえば、4つのプロセスをP→D→C→A→P→D→C→A→P……とグルグル循環させ、業務改善、効率化、生産性向上などを進めていくことだ。「PDCAを高速で回せ」と僕は口癖のように言う。サイクルをらせん状に、サイクル全体が上がっていくように高速で回すというイメージで、1周ごとにレベルアップさせていくのである。

「朝令暮改《ちょうれいぼかい》」という言葉がある。朝に何か言って、夕方には違うことを言う。

この言葉は「あの上司、言うことがいつも違う」「政府の政策がコロコロ変って安定しない。まさに朝令暮改だ」というように、ネガティブな意味で使われることが多い。

でも、僕は逆に「ビジネスでもなんでも、朝令暮改でなければダメだ」と思っている。

たとえば、**朝礼で「こうしよう」と社員たちに伝え、**それを午前中にあれこれ試したらパッとしない結果が出て、**夕方に「このやり方は間違っていた。やめよう」**と伝える。

これは全然、悪いことじゃない。

会社で僕は「朝令暮改しなさい」。朝令暮改できないってことは、あなた、今日1日何もやってないことと同じだからね」と言っている。

日本の会社は、どこも朝令暮改が大嫌い。一度決めたことは、とにかく変えたくない一心の〝前例踏襲《ぜんれいとうしゅう》〟主義。ダメなことはわかっているのに、いつまでやってんの、という感じだ。これは日本の会社や役所がかかえている大きな欠点の1つだと思う。

中国・上海で聞いたら、朝令暮改という言葉は、中国ではポジティブに、プラスの意味で使うそうだ。日本と中国は同じ漢字文化圏で、国民性にも似たところがあると思うが、全然違うこともあるんだね。

「私利私欲の追求」、大賛成だ

この章の最後に、起業するときは、自分の直感を信じ、自分にこだわり、自分を大事にしよう、とみなさんに伝えておきい。

僕がタイでやった起業は10に近い数。どれも人まかせにせず、まず自分が思いつき、自分が手をつけて、あれこれ格闘を重ねてきた事業だ。

「まず自分がやる」ことは、とくに事業が小さい段階できわめて重要だと思う。スモールスタートの起業には必須だ、というべきだろう。

とにかく自分でやる。

自分でやってみて初めて、「ここがまずいぞ」「たぶんこうすればいいはずだ」「どうも好きになれないやり方だ」というような〝気づき〟を得ることができる。

自分が起業した会社に余裕が出てきて、1種類のものしか販売していなかったところ、

2種類売ろうと決めたとする。このとき、もともとのものを僕が売って、新しいものを副社長なりほかの社員なりに売ってもらう、というやり方はしない。新しく売り出すものの仕入れも、販売も、広告も、必ずすべて自分でやる。——たとえば、そういうことだ。

でも、自分の仕事が手一杯になってきて、2つ同時には到底できないとなったら、どうするか？

そのときは社員を1人入れて任せるしかないが、この人は、僕にとって非常に大事な、自分の〝分身〟みたいな人なのだ。つまり、考え方が同じ、目指すところも同じで、僕がこうだろうと思うことを、細かく説明しなくてもできるような人。

スモールスタートが好調で拡大を始めると、いつも僕は自分の分身がいないかと探し、この人と思ったら捕まえにいき、一緒にやろうよと誘い入れていた、と思う。

太平洋戦争で、日本海軍のハワイ・真珠湾《パールハーバー》奇襲攻撃というプランを立てて実行し、世界を驚かせた山本五十六《いそろく》提督の名言として知られているのが、

「やってみせ、言って聞かせて、させてみせ、ほめてやらねば、人は動かじ」

という言葉だ。これが山本提督の考える人の動かし方のコツで、最初に「やってみせ

る」のだという。

やってみせるには、自分がうまくできなければいけない。

そのとおりだ、と思う。せっかちでスピード重視の僕は、言って聞かせて……以下を、分身を見つけることで、なるべく省きたかった。ちょっと虫がよすぎただろうか。

いずれにせよ、自分1人で始めた事業を、分身と思える人を頼むというやり方で2人、3人とだんだん広げていく。自分がやってきたことを、徐々にメンバーに下ろしていく。

1度転がりはじめれば、あとはあまり難しくない。

自分の分身が5人いれば、社員が50人、100人、300人と増えていっても、うまく回していける。

ピラミッドの上のほうに5人がいて、確かにうまくいく方法を順次、下ろしていくのは、金太郎アメみたいな感じだろう。

ただし、すでに話したように、どこかのタイミングで、自分の考え方を大きく変える、自分のあまり得意でない部分は得意な人に任せる、といった転換が必要になる。

このときは、スモールスタートからもうかなりの年月が経過して、あなたは立派に成功者の仲間入りをしているに違いない。

起業で重要なのは「すべて自分1人でやることだ」というと、こんなことを考える人がいるかもしれない。

「そのやり方では、独善に陥ってしまわないかしら？」

「自分を全面に出しすぎて、失敗する恐れもあるのでは？」

「自分1人で大丈夫？　客観的なアドバイスをもらいながら進んだほうがよくない？」


僕の考えは、こうだ。

人は誰でも、自分がいちばんかわいい。


ほかの誰より自分をかわいくて重要な存在だと思うこと、何よりも自分優先で行動することは、大昔からヒトの遺伝子（DNA）に組み込まれているのだ、と僕は思っている。

親が自分の子だけをかわいがって面倒を見る〝無償の愛〟みたいなものも、もともと遺伝子に組み込まれているのだろう。

ヒトの遺伝子に組み込まれ、先祖代々、というよりヒトと猿の見分けがつかないような太古の昔からえんえん引き継がれてきたものに、逆らう必要なんて全然ない、と僕は思う。


かわいくて重要で大切な自分だけが〝よくなる〟ことに、何1つ問題はない。

よくなることが金持ちになることなら、まず、それを徹底的に目指せばいい。

「私利私欲」という言葉は、よくない意味で使われることが多いが、僕は、ビジネスを始めるときは私利私欲でいい、**私利私欲の追求に大賛成、**という考えだ。

起業して会社を始めた人は、まずは社員を安くこき使えばいい。その結果、会社が儲かれば社長の自分がよくなる。

すると、次は利益を社員に還元しよう、さらに社会に還元しようという発想と行動が、必ず自然と出てくるものだ。

最近でこそ、僕は社会貢献や政治などの問題をよく話すけれど、若いころや起業したころ、そんな崇高《すうこう》な考えを持っていたかといえば、まったく持ってなかった。

ガリバーを辞め、タイで自分のビジネスを始めて、起業を繰り返しても、長い間、僕は「自分が勝つ！」としか考えなかった。

それでいいんだ。まずは〝自分〟である。

私利私欲をがんがん追求して自分が勝たなければ、何事も始まらない。

設立のときから「社員に利益還元する」「社会に貢献する」という会社やその社長を、僕はあまり信用していない。

直感を信じて、常にアンテナを張る。「記録より記憶だ！」

自分ですべてやるからには、自分の直感を信じ、自分にこだわり、自分を大事にすることは当たり前だ。

自分は〝現場主義〟を貫く〝リアリスト〟だ、と僕は思っている。

「現場・現物・現実主義」はホンダ創業者・本田宗一郎さんの口癖。本当にそのとおりだといつも思う。本に線を引かず、フセンも挟まず、そもそも本をあまり参考にしない。

自分の目、自分の直感、自分の頭に残っていることだけを重視する。

起業はスピードが重要と言ったが、直感で動けばスピードは格段に上がる。

タイでやった僕の起業に、資料を長時間読み込んだり、何人にも話を聞いて回ったりした挙げ句に決めた、というものは1つもない。

どれも、僕が自分の目で見て気づいたこと――頭に浮かんだ直感が、ビジネスのきっかけだった。

自分の目を重視するといっても、ボケっとしながらでは、何を見てもダメだろう、目や記憶を裏打ちする〝感性〟は、日々どう磨いていけばよいだろうか。

感覚や感性という問題は、言葉で説明しにくい。少なくともいえるのは、僕が起業やビジネスが心の底から大好きで、1日24時間1年365日、寝たり気を失ったりしていないかぎり、つねにビジネスについて考えている、ということだ。

言い換えれば、**つねにアンテナを立てて、周囲の人や物事に気を配っている。**

情報はつねに高いアンテナを張りめぐらせて収集し、シチュエーションによっていつでも取り出せるように整理しておいたほうがいい。また情報はいかに捨てるかも大きな課題である。

ホテルで誰かと初めて会うとき、こいつの弱点を探そうとか、何か盗んでやろうとか、そんなセンサーを働かせているわけじゃない。

いつもニコニコ挨拶する。席を勧める。飲み物を頼む。ひとしきり雑談したら本題に入り、お互いメリットのあるビジネスの話を、真剣に、誠実にする。

その間ずっとアンテナを立てている。**それで、ビジネスにつながる情報やヒントが、自然にちゃんと入ってくる。**

タイから日本や海外によく出る僕は、「海外に必ず持っていくものって何ですか?」とよく聞かれる。

パスポート・現金・カード・スマホなどの必携品、ＰＣや資料など仕事で必要なもの、服と洗面用具、あとスーツケースやバッグを除けば、僕に必ず持っていくと決めたものはない。

ほとんどの人がカメラを持っていくわけだが、僕は持たない。写真というものを基本的に撮らない。どうしても必要ならスマホのカメラ機能で充分。

というのは、写真を何枚も撮ると、あとで多くの写真を見返すことになる。このことが何か決めたい自分を余計に迷わせてしまうと思うから、始めから撮らない。時間が惜しいとか整理が面倒だからというより、余計な判断材料を排除しておくのだ。

僕は、写真ではなく、**自分の頭の中に残っているものを感じて、自分の考えや判断の手がかりにしたい。**

見たり経験したりしたのに、すっかり忘れてしまい、頭に何の材料も残ってないなら、それは僕には何のインパクトもなかった〝どうでもいいこと〟だ、と割り切る。

同じ理由から、**僕は日記帳の類いを持たない。**見聞きしたことをいちいちメモしない。

何月何日何時にどこでどうする、と書き込むスケジュール手帳だけがあればいい。じつはこれも、タブレットに打ち込むだけのことなのだが。

頭に残っていることを感じる「インスピレーション」「直感」「ひらめき」といったものだけを重視するのが、僕のやり方だ。

「記録より記憶だ!」とも、僕はいつも言っている。

たぶん記憶力はよいほうだろう、と自分では思っているけれども、記録しないことで記憶力が強まる。しかも、記憶からフィルターのようなものを通して必要な何かを引き出す力が、より研ぎ澄まされていく。自分専用のフィルターが、長い時間をかけて自然に鍛えられてきたんだ、と思っている。

人の脳は、睡眠中に記憶を整理し、あるものは捨て、あるものは強化・定着させ、関連付けやインデックスづくりをやっていて、記憶の8割方は捨てられるという。その作業中たまたま何かの拍子で目覚めたときに覚えているのが夢だ。「夢を見た」というのは、何度も繰り返し見た夢のうち最後の1つだけだから、あまり信じないほうがいい。

無意識のうちに、記録の8割が捨てられているなら、重要なのは残り2割だけ。残った記憶だけを頼りにするのは、合理的なやり方に違いない。

社員に僕がよく言うのは「仕事は段取りが8分」。段取りができた時点で準備の80%が終わっている、という意味だ。そのために僕が日々実行するのは、夜寝る前に必ず「明日はこれとこれとこれをやって、こんな結果を出そう」と、深く〝念じる〟ことである。

これで、翌朝起きた瞬間から、目標に向けてスタートダッシュができる。

ここでも「記録より記憶」だ。自分の頭の中で「今日の状況はこうだ。あと必要なのは、これとあれ。明日は2つを、この順序でやる」と確認し、「絶対そうするぞ」と強く念じるだけでいい。

別に、**箇条書きでメモる必要などない。メモしなければ覚えていられないことは、深く念じておらず、もともとできるはずもないことなのだから。**

「好きなこと」が強みであると同時に弱みになる場合もある

自分にこだわり、自分を大事にすることは、〝自分が大好きなこと〟を仕事にしていくことに通じる。

「自分は○○が好きだから、それを生かして、こんな起業をしたい」または「起業した」

という若い人たちが、少なからずいるだろう。

「好きだから、○○にいくら時間を取られても、苦にならないし、疲れもしない」

「よく知っている○○だから大得意。一から勉強し直す必要もないし」

「○○に囲まれて仕事ができ、生活していければ、自分は幸せだ」

こういう発想は、よくわかる。

記憶をたどりながら、こうして本を書いていると、「ビジネスや起業というものが、僕は心の底から好きなんだな」と思う瞬間が、繰り返し訪れる。

趣味を聞かれると僕は「趣味は起業です」と答えることがよくあるが、本当にそうなのだ。僕は、ふつうの人が答えるような趣味らしい趣味はなく、ビジネスに時間を割くことが大好きで、まさに「趣味」という以外、あてはまる言葉が見つからない。

手がけた事業が好きで経験も豊富だから、テクニックやノウハウもよくわかっており、ほかの人より得意。だから僕は、すでに手がけたことのある事業と似ていて、親和性の強い事業を新しく始めれば、成功する可能性が高い、と思う。

タイで僕は、旅行会社をやりながら不動産会社を始めた。

どちらも日本人相手だから、2つの事業は、滞在期日が何日か1年以上かという点が違うだけで、よく似ているのである。

「好きこそものの上手なれ」も、そのとおりだと思う。自分が好きなものは、起業するときも、事業を拡大していく段階でも、大きな手がかりとなって自分を導いてくれるのだ。

新しく始めた好きなものの隣に、またわりと好きなものが見つかって、それにも手をつけて……というように、ビジネスのネタやチャンスが芋づる式に広がっていくことも珍しくない。

ただし、忘れてならない大切なことは、「これが大好き」という自分は、好きなことが強みであると同時に弱みになる場合もある、としっかり認識しておくことだ。

そうでないと、好きなことを手がけて失敗する確率が、ぐんと上がってしまう。

僕の経験から言わせてもらえば、自分は何が大好きで得意かは、みんなわかっているのだが、同時に「だから自分は、ここがちょっと弱い」という自覚の足りない人が多いように思う。

「だって好きなんだから」という一本槍でガンガンのめりこんでいくと、大きな落とし穴にはまってしまいかねない。ここは厳重注意だ。

〝継続〟で大切なのは〝上流〟でビジネスすることだ

ビジネスで非常に重要だ、と僕が思うことの1つは〝継続〟である。

一時的に何かを流行らせたり、大量に売ったりできても、それを継続することは簡単ではない。ビジネスを何年も継続することは、困難と苦労の連続だが、それだけに大きな価値がある。起業家が手にするものも大きいと思う。

ビジネスの継続に大切なのは、なるべく〝上流〟でビジネスをすることだ。

僕のいう上流・中流・下流とは、たとえば家電製品ならば、上流に家電メーカー、中流に部品商社や部品組立メーカー、下流にネジ工場や鉄板加工工場——というように、ビジネスを流れる川に見立てたとき占める位置のこと。

ティア1（一次請け）、ティア2（二次請け）、ティア3（三次請け）といった用語が使われることもある。

ビジネスの流れは、源流から流れが枝分かれしていく末広がりのかたちになっていて、下流の末端にいけばいくほど、振れ幅が大きく不安定になる。

柱時計の振り子をイメージすれば、すぐおわかりだろう。振り子の根元のほう（上流）は動きが小さく、位置があまり変わらないが、先っぽのほう（下流）は左右に大きく振れて、行ったり来たりを繰り返す。

不況やエネルギー価格高騰というとき、いちばん不安定でダメージが大きいのは、さまざまな外的要因にさらされる下流のほうだ。上流に行くほど、ブレが小さく安定する。

でも、いちばん上流——家電メーカーのところが安定するよい位置だといっても、その上流で、若者が起業したばかりの小さな会社に、どんなことができるだろうか？

じつは、もっとも上流のメーカーよりも、ブレが小さく安定した存在がある。

これが〝エンドユーザー〟、つまり、最終的に製品やサービスを購入し、使って消費する〝お客様〟だ。だから、ブレないお客様たちの思い・好み・動向などをよく観察して、ユーザーに寄りそっていくビジネスを考えなければいけない。

製品やサービスが売れるかどうかを決めるのはお客様。安くて便利なものが登場すれば誰でも競って買う。それを起業家が好きか嫌いかなんて、まったく関係ない。

起業家の目の付けどころは、自分のなかにある好きなものではなく、あくまでお客様の中にある。

こうしたいというお客様の思いに反することをやってもダメ。**世の中の大きなトレンドのなかで自分は何ができるか？**　こう考えなければ、起業してもうまくいかない。


読者のみなさんの多くは、ビジネス、とりわけ起業に興味があり、将来に大きな希望を抱き、成功したいと願っている若者たちではないか。

すでに起業してチャレンジ中だが、どうもうまくいかないという人もいるだろう。

いまは会社勤めだが、なかなかチャンスに恵まれず、「独立するぞ」と覚悟を決めた人もいるかもしれない。

僕はみなさんを、日本でくすぶっている若者たち、とは見ていない。

「寄らば大樹の陰」と多くの若者が会社勤めや役所勤めを目指すなか、**大樹から果敢に離れ、起業に挑戦しようと決意した〝時代の異端児〟たち**だ、と思っている。

勇気ある異端児たちへ、令和の虎が最初に伝えたかったメッセージは、ここまでお話しできたと思う。次の章からは、僕が、日本の会社勤めやタイの起業で、どんな経験をして、何を得たか、じっくり聞いてほしい。

2

「運」との出会い

もしも、あのとき、があったから、
いまの自分がある

運の正体ってなんだろう

夢を持ち、それを叶え、人生の勝者となった人たちに共通するキーワードを探ってみると、「運」という言葉に行き着く。そして僕は「運」に敬意を払う。

一見不運に見えることが、実は幸福のタネでもあることも忘れてはいけない。「運」をつかむ人と「運」に逃げられる人との決定的というか根本的な違いは「運」というものをどう考えているかに尽きる。努力と根気、勉強が人との出会いを生み、「運」を捕らえてくれるきっかけとなる。

成功した人の「運」には必ず「ツキ」と「人との縁」が関係している。なかでも、この「人との縁」こそが「運」を呼ぶ正体なのかもしれない、と僕は思う。

思い起こせば、さまざまな人との出会いがあり、運との出会いがあった。

起業も、タイへの移住も、僕は自分1人で決めた。「タイに移住したら？」と僕に言った人は、ガリバーにもどこにもいない。それでも僕は、ガリバーに入らなかったら、タイに行って起業することはなかったかもしれない、と思うときがある。

そうさせたのは、ガリバーに入ったことも含めて、自分の〝運〟と感じるのだ。

僕が出会い、ともに仕事し、プラスマイナスいろいろな影響を受けた多くの人たちが、タイとは何の関係もないのに、そうした人から学んだことが結果的に、僕のタイでの起業を助けてくれた。

そんな人たちとの出会いは、「運と出会った」としか表現しようがないのではないか。


僕は、会社の入り方からして、多くの学生たちと違っていた。

いまは、かつての〝青田買い《あおたがい》〟（稲が実るずっと前、まだ青々しているうち田圃《たんぼ》の米を買い占める）のような早すぎる新卒採用は、自粛されている。

政府や経団連が望ましいとする就活スケジュールは、広報活動（学生の登録を受け付けて情報発信）が、採用者が大学4年になる直前の3月1日以降。採用選考活動（学生をしぼり込む面接や試験）が6月1日以降。正式な内定日が10月1日以降。

外資系などはもっと早いし、フライングする企業もあるだろうが、建前としては、日本の大企業が新卒採用の正式内定を出すのは大学4年の秋だ。

でも、２０００年4月に入学した僕の時代は、大学3年になる春から就活がスタート。

その秋に正式内定が出るのがふつうだった。いまよりも、まるまる1年早い。

僕は〝就職活動大好き〟な大学3年生だった。

父親の仕事は内装職人だが、幼いころ周囲にいた大人――たとえば友だちのお父さんはみんなサラリーマン。うちだけ違っていたから、僕は小さいころからスーツにネクタイ姿を「かっこいいな」と思い、「大きくなったら会社に入るぞ」と思っていた。

スーツにネクタイ姿でいちばん偉い人は、社長に決まってる。

だから僕は就職活動で、「どんな業界や会社でもいいけど、社長には会っておきたい。いずれ俺も社長になるんだから」なんて考えていた。

ビジネスの秘訣を探る、ガリバーの創業社長との出会い

僕は、中古車販売・買取会社に就職したかったわけじゃない。

とくに行きたい業界や会社というのは、なかった。

実際、**僕が就職希望を出した業界や職種はまったくバラバラだ。選考まで進んだのは、金融・商社・流通・メーカーなど合わせて20社**くらい。

20社をまわったのは、業界や会社の品定めをするためではない。

「世の中にはどんなビジネスがあるのか？　この会社は、どんなビジネスモデルで大きくなったのだろう？」

ということを、いろんな業界や会社を見て知りたかったのだ。

いきなり電話して「御社はどうやって儲けていますか？　ぜひ、お話をうかがいたいのですが」といっても、見ず知らずの人に〝飯のタネ〟を教える会社があるはずもない。

でも、就職を希望する大学生には、会社説明会でも面接でも、会社のほうから喜んで教えてくれる。

「これってチャンスだ。学生の身分じゃなきゃあ聞けないぞ」と、僕は次から次へと会社訪問して、事業による秘密ともいうべき儲け方を聞きまわった。

こんな就職活動で、何社かから内定をもらい、選考中の会社の最終面接をいくつか控えていたときだ。僕はガリバーから内定通知書を受け取った。

この会社はとりあえず断っていいや、と僕は思った。

ガリバーの人事担当者に電話して「別の会社に行くつもりです。内定を辞退させてくださ い」と言うと、「わかりました。では、内定を辞退する書類を出しにきてください」という返事。

これは人事担当者がよく使うやり方で、他社もほしがる学生とわかったからには、本人とちゃんと会って話し、入社を再度説得したい。だから、書類提出が必要といって、わざわざ呼び出すわけだ。

僕はさっそく、当時東京・丸の内にあったガリバー本社を訪ねた。

全面ガラス張りの会議室で、人事の人と「なぜ辞退するの?」「希望していた業界で内定をいただきましたので」「そうか。でも考え直してみたら? というのはね……」と話していたときである。外の廊下で立ち止まり、部屋をのぞき込んだ人がいた。

ガリバー創業者の羽鳥兼市社長(現・取締役会長)だった。人事担当者と若者が話すのを見て、就職の話とわかったのだろう。社長は部屋に入ってきて、僕に話しかけた。

会議室をすべてガラス張りにしているのは、閉鎖的なことはやらないというガリバーのポリシーとは、あとから知った。

羽鳥社長とは、10分も話さなかった、と思う。

社長は、自分の夢はこうだ、こんなビジョンを掲げて経営している、ガリバーをこんな会社にしたいのだ、と熱く語ってくれた。同じ話を会社説明会で聞いていたが、やっぱり社長には、オーラというか独特の雰囲気がある。目力強く、直接訴えられると、説得力が違う。僕は社長の話にどんどん引き込まれていった。

「君の人生にとって悪いようには、絶対にしない。だから3年間、俺に騙されたと思ってうちの会社に入ってみろ。絶対に後悔させないから」

この言葉が、いまだに頭に残っている。

僕は「そこまで言ってくれるなら、騙されてみようかな」という気になった。まさに「ミイラ取りがミイラに」なってしまったのだ。

福島出身の羽鳥さんは、1976年に東京マイカー販売という会社で中古車ビジネスに参入。94年に買取部門「ガリバー」1号店を開き、同じ年に「ガリバーインターナショナル」を設立した。2000年には当時の最短記録で東京証券取引所第二部に上場。03年には東証一部に上場。

こうも会社を急成長させた創業者の熱量と人柄に惹かれて、**ガリバー入社以外の僕の選択肢は、たった10分で、すべて吹っ飛んだ。**

入社してから「内定辞退のとき、社長が会議室の前を通りかかったのは、僕を口説く作戦だったんですか？」と、社長に聞いたことがある。すると「いや、作戦でもなんでもない。たまたま偶然だよ」との答えだった。

ということは、社長が外出中か、誰かと面会中か、あるいは風邪でもひいて会社を休んでいたら、僕への説得はなかった。ならば、僕のガリバー入社もなかったに違いない。

そうとわかって、僕は〝運命的なもの〟を強く感じた。

大学3年の終わりに考えがあってガリバーでバイト

大学3年の秋に内定をもらってから、4年を終えて卒業してガリバーの新入社員になるまでに、1年何か月かある。3年の後期までは単位を取るのに忙しかったが、4年になれば単位の多くを取得済みだから、大学に顔を出す日が少なくなる。

4年間の大学生活で、いちばん学校に行かなくていい最後の1年間をどうするか？

どうせ**卒業後ガリバーで働くのだ。入社してやる仕事を、大学4年のとき経験して覚えれば、時間の大きな節約になる。できるだけ早く始めたい。**

——せっかちで、すぐやれることを先延ばしにするのが大嫌いな僕は、そう考えた。

200人が同期入社することもわかっていた。20人くらいが専門学校出の女の子で、残り180人は本社勤めの四大卒。卒業前の大学4年でガリバーの仕事を始めれば、同期たちより1年早くスタートが切れる。これは入社したとき大きなメリットになるだろう。

そこで僕は、大学3年も終わりに近づいたころ、ガリバー本社に「ガリバーで働かせてほしい。アルバイトをやらせてください」と申し出た。

ところが、「内定者をアルバイト採用した前例がない。無理です」と断られてしまった。「前例がないからダメ」は、日本の行政や企業でごくふつうの〝あるある〟だ。新興企業のガリバーも例外ではなかったが、僕は食い下がった。

「前例がないかもしれませんが、僕は大学の単位取得もかなり終わっていて、卒業見込みも取れます。時間がたっぷりあって、1年早く入社したいくらいの気持ちなんです。ガリバー以外のバイトなんて、やってもムダでしょう。ぜひ働かせてください」

会社の人事というのは、内定者を自社でバイトなどで働かせたとき、「こんなはずじゃなかった」と内定辞退されてしまうと、評価が悪くなってしまう。

それを心配しているのかなと思った僕は、「内定をもらった以上は、絶対に辞退しません。必ず入りますから、やらせてください」と粘りに粘った。

そうはいっても、僕は大学の法学部の学生だから、内定を辞退しないという約束には法的拘束力がなく、会社は学生相手の損害賠償訴訟もできない、とわかっていた。

正直いえば、バイトしてみて、どうしてもここは合わないと思ったら、ほかの会社に行けばいいや、という気持ちもちょっぴりあったんだ。


ガリバーは結局、僕をバイト採用してくれた。

ガリバーには、店舗があり本部があって、本部には店舗を指導する部署や、買い取った車を売る部門もある。僕は、いろいろあるうちの〝基本のキ〟——店舗に配属されてバイトすることになった。

当時は座間の実家から大学に通っていたから、「うちの近くにガリバーのお店がありますけど、そこじゃダメですか？」と聞いた。すると「そこはフランチャイズ店。いちばん近い直営店が厚木だから、そこに行って」という。

「フランチャイズ」という言葉を、このとき初めて知った。店舗を全国展開するビジネスは、直営とフランチャイズの2本立てになっていることもわかった。ガリバーという会社や中古車業界を目指していたわけではない僕は、ちゃんと調べていなかったのだ。

バイトのスタートは3月で、3年の後期が終わった春休みの最初のころだった。バイト向きの仕事は洗車くらいしかないから、僕は厚木店の洗車要員である。

ところが、3月上旬は、まだまだ寒い。手がかじかんでしまい、洗車作業そのものがイヤでたまらない。10日もたたないうちに、僕は洗車にすっかり飽きてしまった。

いま振り返れば、前例がないところを無理にやらせてもらったバイトのくせに、なんとも生意気な話だが、僕はこんなことを考えた。

「1年後は正社員になるというのに、なんで車を洗わされなきゃいけないんだ。いま車の商談をしている高卒の人よりは、俺のほうが絶対うまくやれるはずだ」

そこで、「僕に買取をやらせてください」と店長に申し出たのだ。

ガリバーは中古車販売会社と思われているかもしれないが、車の買取がビジネスの根幹ともいえる。

買取は、昔からある質屋さんや、中古ブランド品・骨董品などの買取業者と基本的には同じような仕事。所有者が持ってきた車を査定し、値踏みして、なるべく安い金額で買うということだ。

でも、厚木の店長さんは、「買取？　うるせえな。やらせねえよ」みたいな感じで、にべもなく断られてしまった。

中古車買い取りで、最初の月の成約は16件の記録

ちょっと説明が必要だろう。

急成長した若い会社ガリバーは、僕たちの期が新卒採用の2期目。本社に新卒をごそっと入れて4月から働かせることを、僕が入社する2年前までやっていなかった。

本社ですらそんな状態だから、店舗ではもっと極端で、2003年ころの店長さんというのは、その何年か前に高卒や中卒で入った人が多かった。

上場してないどころか、会社ができてまだ2~3年しかたっていない中古車屋さんに入るのは、どんな若者か？　**わかりやすい話をすると、よくいえば根っからの車好き、悪くいえば暴走族と見分けのつかないような若者が多かった。**そういう人が何年か後の店長だから「うるせえな」となる。

でも、ほどなくして僕は、洗車バイトから昇進（？）して、店長が「やらせねえよ」といった買い取りを担当できることになった。理由は2つ。

1つは、僕がしつこく何度も頼み込んだから。

もう1つは、3～4月は、ちょうど引っ越しや配置換えの時期。このころは、車を買う人も売る人も1年でいちばん多い。

新しい住まいが駅から遠いので車を買うとか、駐車場がついてないから車を売るとか、異動や昇進で給料がよくなったから車を買い換えるとか、そんな人が多い。すると商談要員は多いほうがいい。だから「じゃ、やってみな」となった。

最初の1か月で僕がまとめた商談は16件。これが4月の買取の成約件数で、この数なら誰からも文句は出ない。周囲の人間もブッ飛んだ記録を作った。

僕は中古車買取を大学4年の12月まで続けた。

洗車をやる必要はなくなって、僕がバイトを始めたあとから入ってきた中途入社の人が洗車担当。「おまえ商談やれ。おまえは洗車」と店長が指示を出した。

バイト代はふつうにくれたが、たしか時給８００円くらいだったと思う。もちろん、買

取を何件成功させたからボーナスいくら、なんてことは一切ない。

商談の仕事は、とてもおもしろかった。大学にあまり行く必要もなかったから、僕は車の買取バイトに専念しつづけた。

バイトの身で粗利1億円稼ぐ。「ビジネスって儲かるんだ」

バイト時代に得た、僕の〝気づき〟を話しておこう。アルバイトで起業に必要なお金を貯めている人の参考になればうれしい。

僕は、ビジネスで稼いでいく姿というか、稼ぎになる仕組みをよく観察し、気づいたことで自分ができるものを、どんどん実行していった。

ガリバーが車を買い取るお客さんには2通りある。車を売りたいだけの人と、車を乗り換えたい人だ。後者は乗っている車を売って、すぐ別の車を買いたい。

だから、僕がお客さん1人から車を買い、同じ人に別の車を売れば、「1粒で2度おいしい」じゃないが、効率的なビジネスができて、儲けも大きくなる。もちろん、もう車が必要ないから手放すというお客さんには、買取しかできないけれども。

当時のガリバーは、販売グループと買取グループがそれぞれ独立していたが、僕は自分のいる店舗で、なるべく同じお客さんに買取・販売の両方をするよう心がけた。

これが僕の気づきの一例だ。「こうすればいいんだよ」と、ガリバーの誰かに教わったことではない。

どうも、こういうことをガリバーの現場でしっかり考えている人は、あまりいないように見えた。うちは買取店だから車を売りたい人から買ってりゃいい、あるいは販売店だから買いたい人に売ってりゃいい、という大雑把な感じがふつうだった。

売っても買っても、たしかに店長からほめられる。でも、**営業の給料はその人が上げた粗利で決まる。買取の粗利が30万円で販売の粗利が30万円なら、同時にやれば粗利60万円になるのだから、そっちのほうがいいに決まっている。**


僕がお客さんから車を買い取ったとき、次にその人に売る車を他の店舗の在庫から持ってくると、ガリバーとしての利益は同じでも、僕の利益から他の店舗の利益分が引かれてしまう。そうならないやり方にも僕は心がけた。

たとえば系列店をいくつか見てまわって「次はこれがよさそうだ」と目を着けた車のあるお客さんには、車の使い道や好みを聞き、うちの店の在庫から「この車でも同じことができて、ちょっと安いですよ」というように提案して、それを売る。

理想的なのは、ある日の午前に、Aさんから乗っていた車を買い取って、それを午後にBさんに売る。このときBさんの乗っていた車を買い取る。この車を翌日、次の車を探しているAさんに売る——というやり方だ。

これを僕1人でやれば、車を移動させず店舗の中だけで回して、買取2台・販売2台をさばくことができる。当然、粗利が大きくなる。

大学4年だった僕は、4〜12月の9か月間ガリバーでバイトして、粗利だけで1億円くらい稼いだ。月平均の粗利が1000万円以上だった。

僕の最大の気づきは、「ビジネスって儲かるんだな」という、ごく当たり前のことだったわけだ。当たり前すぎて、自分でも、ちょっと呆れるけれども。

あとで話すつもりだが、じつは僕は、学生時代にパチスロで大儲けしたことがある。そのときは「大儲け」と思ったが、友だちを何人も動員して、月の売り上げが300万円といった規模。

ところが、ガリバーでは僕1人で、しかも売り上げではなく粗利だけで月1000万円規模。これ、5人でやれば粗利だけで月5000万円。年に6億円になるじゃないか！

もっとも、この話にはオチがある。自分で起業してから「ビジネスは、そうそう簡単に儲かるものじゃない」と、僕は身に染みて思い知らされたのだった。

バイトしていた僕は、やることなすこと何でもうまくいっている、と感じた。でも、それはガリバー創業者の羽鳥兼市社長はじめ多くの人たちが、長年苦労を重ねて築いてきた舞台の片隅に、たまたまちょこんと乗れたからこそ、できたこと。

起業は、その舞台づくりから始めるのだ。バイトの僕が思ったほど甘いはずがない。

起業を目指す人たちは、ここを勘違いしてはいけない。

最初の上司はほめ上手。いまもその教えが生きている

大学4年の12月でバイトに区切りをつけた僕は、翌2004年1〜3月、卒業前の海外旅行にいきまくった。三十数か国をまわり、南極以外の全大陸を訪れたはずだ。

4月にガリバーに正式入社したら仕事に集中。まとまった休みを取った記憶はない。

最初に配属された店舗で、いまも強く印象に残っていることがある。僕の初めての上司

が、部下のほめ方がものすごくうまい人だったのだ。

朝からずっと外回りで夕方ヘトヘトになって戻り、「契約取れました」と言うと、「よくやった。おめでとう！」と、店中に響く大声でほめ、本当に自分のことのように喜んでくれた。「取れました」と電話を入れたときも、思わず耳から携帯を離すような大声でほめてくれる。いつも「もう1件取ってきます！」という気持ちが湧いてきた。

上に立つ者がチームを鼓舞することはとても大切だ。この人の教えは、いまも僕のなかで生きている。


僕は「いつかガリバーを出て独立し、起業しよう」と思っていたが、1年や2年で辞めるつもりは、まったくなかった。ガラス張り会議室で聞いた羽鳥さんの「騙されたと思って3年頑張れ」という言葉が、つねに頭にあった。

どの会社にも、まだ終身雇用的な雰囲気が漂っていた時代である。

僕は社長と話す機会があるたびに、「僕は起業したいので、どこかで会社を辞めると思います。もしかしたらガリバーは、終身雇用を望んでいるかもしれませんが、僕は、それはないですからね」と言っていた。

羽鳥社長は、それで別にかまわないよ、まあ、しばらくやってみれば、という感じ。「ここにいれば絶対、力がつくと思うよ。『石の上にも3年』っていうじゃないか」と言われて、「3年くらいはいいかな」と思った記憶もある。

バイト時代の経験もおおいに役に立って、仕事はとても順調だった。

24歳で上場企業最年少部長に、部下200人は全員が年上

入社から半年後、僕は営業課長に取り立てられた。23歳だった。ただし、このときは、周囲からめちゃくちゃ叩かれた。

叩かれたというのは、あることないこと——いや、ないことばかりを、ああだこうだと言い募る人が、ガリバー社内に大勢いたのである。

「からあげ」や「てんぷら」という営業用語を、聞いたことがあるだろう。

契約が完了したとき「契約が上がった」、進行中だが未契約のとき「あの契約は、まだ上がってない」という言い方がある。

からあげは、最初から空っぽな契約が上がる。つまり、実態が存在しない「架空契約」「でっち上げ契約」のこと。

てんぷらは、細いエビでも、衣をいっぱいつけて天ぷらにすれば何倍も大きくなるところから来た言葉。たとえば、100万円しか儲かっていないのに、1000万円儲かったように見せる「水増し契約」のこと。

もちろん僕は、そんなことは一切やっていない。ところが、「安藤の契約は、からあげやてんぷらだ。だから、いい成績を上げたことになっている。でも、そのうち必ずメッキがはげるぞ」と陰口を言う人がいた。

噂を広める人、上司に告げ口する人、監査室のような部署に通報して足を引っ張ろうとする人もいた。

通報されると調査がくるが、僕は潔白だから、いくら調べても何も出ない。そこは問題ないけれど、対応に取られる時間がもったいない。しかも、一生懸命やっているのにそう思われることが、なんとも腹立たしかった。

僕は、内定辞退を1度は考えたものの、結局、社長に惚れ会社に惚れ、「自動車の流通革命を起こそう」というガリバーのビジョンに強く共感して入社した。

自動車は流通が悪く、新車を買ったら10年以上乗るような人も少なくないし、一家に1

台か2台しか普及していない。靴や洋服のように自動車の流通がよくなれば、「今日はスポーツカーで行こう」「今日は家族で出かけるからワゴンがいい」「今日はスキーだから四駆だ」と、**ライフスタイルやシチュエーションに応じて、服を変えるように車を変えることができる。——これが羽鳥社長のつくったガリバーのビジョンで、だからこそ新車ではなく中古車マーケットを狙うのだ。**

このビジョンに心底惚れて入社し、やるぞと思っていたら、業界の隠語で「からあげだ」「てんぷらだ」とハッパをかけられ、うざったいなあ、と僕は思った。

そうは思っても、僕の自信は、まったく揺るがない。3か月に1回の査定で必ず成績を上げていたから、怖いものはほとんど何もなかった。

05年4月、僕はガリバーの営業部長になった。24歳だった。「上場企業で最年少部長」というので、ちょっと話題にもなった。

課長のときはひどく叩かれたが、部長になったら、誰からも、何一つ言われない。

課長時代の部下は10人ほどだ。部長になったら200人で、全員が僕より年上である。若い会社だから、いちばん年長の人で40代後半だったろうか。なにしろ営業部長の僕より役職が上の人、つまり僕の上司は、社長・副社長と役員しかいない。「出る杭《くい》は打たれる」というが、出過ぎた杭は打ちようがないんだな、と思った。

営業部長の僕は、ある役員から、人の使い方、人心掌握のやり方、リーダーシップ、マネージメントなどを徹底的にたたき込まれた。

教えてくれた役員は、防衛大学から自衛隊に進んだ飛行機乗り。中佐くらいまで務めたようだが、目を悪くして飛行機に乗れなくなった。「飛行機に乗って国民を守るほかに能のない俺が飛行機に乗れなければ、自衛隊にいる意味がない」と、民間に移ったという。

僕より10歳ほど年上で、30代半ばの人だった。

この役員から受けた教えは、ガリバーにいたときはもちろんのこと、僕が起業して会社経営を始めてから今日に至るまで、とても役に立った。

これからも折に触れて思い出し、役に立ち続けるに違いない、と思う。

この出会いも、やっぱり運だった。

幸運にも僕は、この人に〝軍隊の世界〟へと連れていってもらった。軍隊の世界にワープできる〝運〟と出会ったのだ。

小さな組織やチームは軍隊と同じように強いトップダウンが必要だ

自衛隊出身役員の教えは、とても刺激的で、おもしろかった。

たとえば、**もっとも簡単な組織の作り方は軍隊方式。上は大将から、下は歩兵や水兵まで、完全なピラミッド型の軍隊が、いちばん効率がよい組織だ。**

よしあしは別にして、それが事実だから、世界に200近くある国のほとんどが軍隊を持ち、国の存続や国民の生命・安全を命がけで守らせている。どの軍隊も同じピラミッド型で、上官の命令には絶対服従だ。合議制でやり方を決めていく軍隊なんて存在しない。

ビジネスでも、軍隊と同じような組織を作れ。理想は、何でも話し合い、仲よく楽しくやっていく合議制の組織かもしれない。

しかし、1つの目標に一丸となって突き進むなら軍隊にまさる組織はない。少なくとも、軍隊に似た組織が必要だ。

まず、このことを覚えなさい、と言われた。大日本帝国陸軍・海軍の成り立ちから勉強させられて、ヒトラーやスターリンなど二十世紀の戦争指導者の話もよく聞いた。

会社では、まず部下たちに、誰が主人で誰が家来か、わからせなければいけない。そうしておかなければ、言うことを聞かない。「やり方は、きわめて簡単だ」という。

「どうやるんですか？」と聞いたら、こんな話をしてくれた。

「朝、会社に来るだろう。全員が集まったところで、無言で机を思いきり蹴っ飛ばして、机の上に立つんだ。そして、話しはじめる。みんな『なんだ、こいつ⁉』と驚き呆れる。でも、いきなり机蹴っ飛ばして怖そうだし、なんかヤバそうなやつだ、とりあえず黙って言うことを聞いておこう、となるんだよ」

「小学校で朝礼のとき、校長先生が朝礼台に立って上から話したね。体育館でも舞台の上から話す。偉いやつというのは、いちばん高いところに立って話すものなんだ。話を聞く大勢は、小さいころから、高いところに立って話す人は偉い人とインプットされている。でも、オフィスに高いところはない。だから机の上だ。いまここでやってみろ！」

僕が革靴を脱いでスチールデスクに上がろうとしたら、「脱ぐな！　朝礼で、校長が靴脱いで壇上に立ったか？　偉い人はそんなの気にしない」と、そういう世界。

いや、すごかった。営業戦略を立てて、ライバル社とどう戦うか、社内体制をどう構築するかを検討するときは、大きな机のうえにでっかい白紙をバーンと広げて、作戦や検討

事項を手書きで書き込んでいく。まさに帝国陸海軍の作戦会議みたいに、敵の弱点はここだ、ここをこう攻める、とやっていく。

こんな話を覚えている。

飛行機は編隊を組んで攻撃に向かう。偵察などを除けば単独飛行は基本的にやらず、つねに連携しつつチームで戦う。2機3機4機といろんなフォーメーションがあり、過去の実戦で戦い方や有効性が確かめられている。

たとえば3機がデルタ型で飛んでいるとき、後方を飛ぶ小隊長が方向を変えようと思えば、無線で僚機に伝える。でも先頭の1機が方向を変えない。どうするか？

無線が壊れているかもしれないから、近づいて合図する必要がある。たとえば、前に出て翼を振る、点滅灯を使う、コックピットから身振り手振りで伝える。

それでも言うことを聞かなければ、後ろから撃ち落としてしまう。

「そのパイロットが裏切っているか、スパイの恐れもある。そいつのせいで、作戦がバレたり、統一行動がうまくいかず、3機ともやられてしまうかもしれない。撃ち落とせば、1機失うだけで済むんだ」

こう聞いて僕は、なるほど、たしかにそのとおり、合理的な話だ、と思った。

「こういうのは防大でやる授業だが」と、その人はよく言っていた。ガリバーで僕は、防大で教える航空自衛隊の教程を勉強していたらしい。

起業する人のために、僕が考えている組織のやり方をお伝えしておく。

タイの僕の会社には社員が約100人。このくらいの規模になると、合議制を多少取り入れていかなければいけないな、と思っている。しかし、もっと小さな規模の組織――とくに起業してメンバーが2人、3人、5人と増えていき10人規模になるところまでは、組織に最大のパフォーマンスを発揮させるいちばんいいやり方は軍隊式だ、と思う。

小さな組織やチームには、強いトップダウンが必要だ、ということだ。

いまの日本で、強烈なトップダウンや軍隊式というやり方が受け入れられにくいことは事実だろう。**このことは、話し合い重視の日本式やり方が世界に通用せず、日本企業が世界と戦えていないことの裏返しだ、**と僕は思っている。

営業部長になって実感した「人生の壁」

大学卒業から3年目でガリバーの営業部長になった僕は、年俸《ねんぽう》1600万円だったが、それに見合う働きは当然やっている、と自負していた。

ガリバーという会社が大好きで、社長の人柄やビジョンにも惚れ、上司にいい勉強をさせてもらって、不満は何もない。社内で次に役員になるのは自分だろうけど、あと5年くらいかかるかな、20代のうちに役員になれたらいいな、とも思っていた。

学生時代の同期で部長になった友だちなんていないし、僕がもらっている給料はたぶん同期の3〜4倍。世間を見わたしても、若くして成功したサラリーマンの1人と思われている。20代半ばでそうなれたなんて、じつに幸せな話じゃないか。


ところが、僕は、いまの自分の地位が、たまたまラッキーでそうなっているだけだったらどうしよう、とだんだん怖くなってきた。

「俺って本当に実力があるのかな。実力がないのに、俺の運がめちゃくちゃいいというだけで、こうなっているんじゃないか。**サイコロを5回投げて、たまたま連続5回とも6の目が出たみたいなことで、いまの自分があるのだとしたら……**」

こんな考えが頭をよぎることは、課長になったときからあったが、深く考えなかった。

ところが、部長になると、この自分への疑いが、どんどんふくらんでいき、頭の中に大きく占めるようになった。そこで、僕は考えた。

　実力がないのにガリバーに居続けて、5年後か10年後にすべてめくれ出てしまい、ただラッキーだっただけとわかったら、そのとき30代。嫁さんや子どもがいるかもしれない。その状態で、起業のような新しいチャレンジができるだろうか?

　いま、20代半ばの独り身でガリバーを辞めて、起業したらどうか?

　2年間やそこらは、貯金を食い潰しながら頑張ることができる。2年もあれば起業がうまくいくメドくらい立ちそうだ。

　万が一、起業に失敗しても、まだ26歳とかそんな年齢。もう1回頭を下げて「カバン持ちからやらせてください」と言えば、ガリバーもどこかほかの会社でも、僕を雇ってくれるんじゃないか。

　つまり、**ガリバーを辞めるよりも、このまま居続けるほうが、僕にとってリスクが大きい、という結論**にたどり着いた。だから僕は、ガリバーを辞めようと思った。

　僕は高校のころからパチスロで稼ぎはじめ、学生時代よく海外に出かけたし、高級車も買った。**親が買った家のローン残金二千何百万円かも僕が支払った。それでも3000万円くらい貯金があったから、辞めても2年は頑張れる、と考えた。**

九州で猛烈に攻めた、西の覇者ビッグモーターとの闘い

「ガリバーを辞めさせていただこうと思います」と、僕は羽鳥社長に申し出た。するると社長は、「いや、考え直してくれ。君を役員にするから」と僕を引き留めた。「役員の年俸は3000万円だよ」とも耳打ちされた。

その後、僕を役員にする問題が取締役会で話され、賛成か反対かの議決があった。ガリバーは、創業家である羽鳥家から3人が経営陣に入っていた。お父さんが社長、長男が専務、次男が常務だ。僕を役員にする件は、社長と長男が賛成したが、ほかの全員が反対して却下された、と聞いた。

反対した取締役たちは、仕事で僕とやり取りしたことがなく、話したこともほとんどないから、僕のことをよく知らない。

だから、たまたまトントン拍子で出世しただけかもしれない入社3年目の25歳の若造を役員にして、会社の社運を託すってのはおかしいだろう、と考えて当然。そんなことは株主が許さない。だから反対する、というのは、まっとうな経営判断で、よく理解できる。

——と、これは〝いま振り返ってみれば〟の話である。

当時の僕は「くそっ、社長は役員にすると言ったのに」という気持ち。**「安藤を役員にするのは、まだ早い」と思う人が大半ならば、やっぱりラッキーなだけかも。ここで続けていくリスクは大きいぞ、とも思った。**

会社を辞めるという僕の思いは、ますます強くなっていった。

「ガリバーを辞めたい」と2度目に申し出たとき、羽鳥社長は言った。

「安藤くん、独立して自分でやるって、たいへんなことだ。やった私はよくわかる。西のほうでガリバーが全然成功していないのを見ても、わかるだろう。きみが九州でガリバーをうまくいかせることができたら、自分で起業して何をやってもうまくいく。そのときはもう引き留めない。でも、九州で失敗するようなら、ガリバーで学ぶことは、まだまだたくさんある。だから、ここにいたほうがいいよ」

この言葉をもらって、僕は言った。

「わかりました。自分、九州に行ってきます」

当時の中古車市場は「西のビッグモーター、東のガリバー」といわれ、2社が天下分け目の闘いを繰り広げていた。

ガリバーは、大阪より東の東海や首都圏が強く、とくに東北はガリバーの天下。ビッグモーターは、大阪より西の広島や九州で鬼のように強い。西日本はガリバー不毛の地で、ぺんぺん草も生えない状態だった。

なかでもいちばん西の九州では、ガリバーはほとんど売り上げゼロ。ガリバーの誰が何をやってもムリだ、とされていた。羽鳥社長は「そこでやってみろ。辞めるならそのあとで辞めろ」と、僕に命じたのだった。

営業部長の僕は、部下10人を引き連れて九州に乗り込んだ。6～8月の3か月間、九州でさまざまな営業てこ入れ策を駆使して、車を売りまくった。

中古車市場というのは、地方に行けば行くほど地域の利権やしがらみが強い。九州ではビッグモーターが、そこをガチガチに抑えている。ところどころにガリバーの店舗が、あることはあるのだが、どこも赤字。「ここで中古車を売ったり買ったりするならばビッグモーター」とみんな決め込んでいて、ガリバーは誰の視野にも入っていない。

そこで僕は、西日本一の繁華街、福岡の中洲あたりで、九州の中古車業界の重鎮や国会議員と知り合うことから始めた。そうしておいて、熊本・宮崎・鹿児島など、狙いをつけたエリアを一つひとつ落としていく。自動車屋さんとの関係を構築し、その地域でビッグモーターにできることはガリバーもできる、という状態に持っていくのだ。

これが実現できれば、売り上げは自動的に伸びていく。

僕たちがもっとも力を入れ、実際いちばん売り上げが大きかったのは「業販」分野。これは「業務販売」の略で、個人でなくて業者向けの販売。卸売りに近い売り方である。

地方の中古車業界で強いのは、じつは全国展開してみんな知っているガリバーやビッグモーターではない。山田さん夫婦が長年やっている山田モータースといった、地場の〝父ちゃん母ちゃん企業〟がいちばん強い。そこへ地元の人は車を売りに行く。

でも山田さんの店は、買い取りなんてごめんだし、買いそうなお客を探すのも面倒だ。すると近くのビッグモーターに「車を売りたいお客さんが来ている」と電話する。

ガリバーは、中国地方や九州地方で、その電話をもらえなかった。だから、僕は地場の父ちゃん母ちゃん企業とのコネクションづくりを猛烈にやった。これが功を奏した。

僕を孫のようにかわいがってくれたおじいちゃんもいれば、「一緒に盛り上げていきましょう」と僕に共感してくれた2代目若社長もいた。

結果、8月の九州地方の売り上げは30億円となって、狙いどおり地域別で全国トップを

達成できたのだった。

九州で何が困ったといって、言葉ほど困ったことはなかった。福岡県でも、久留米や大牟田のほうに行くと、よく聞き取れない。鹿児島なんて、何を言っているのか、マジで全然わからない。

どうしようかと考えた僕は、福岡の中州のお姉さんたちに「昼間バイトしてくれない？」と頼んで、雇うことにした。

彼女たちは、全国からくるお客さんを相手にしているから標準語をしゃべる。でも、露骨に通訳していると知れたら、九州のおじさんたちは「田舎もん扱いか」と気分を害するだろう。僕は「相手が言ったことを、ただ標準語で繰り返して」と頼んだのだ。

3か月の長期出張だから、九州ではホテルに泊まるのが常識だろう。当然ガリバー本社も、どこかホテルに泊まれと指示していた。

だが、このとき僕は、九州の利益を全国トップにしようと考えていた。

もちろんそれなりの売り上げがなければ、利益トップにはならない。

でも、たとえば**売り上げ50億円で利益5億円より、売り上げ40億円で利益10億円のほう**

が偉い、というのが僕の考えだ。手元に残すお金が多いほうが偉いから、経費はなるべく抑えなければいけない。

そこで僕は、九州で一軒家を借りて、営業部の10人と一緒に暮らした。4LDKの広い家だが、10人では相部屋にならざるをえない。リビングにも2人寝ていた。

みんな不満たらたらだったが、僕は「九州が赤字ということはお金がないわけだ。それでホテルに泊まろうってバカはいない。こんな暮らしは嫌だろう。嫌ならさっさと稼げ。黒字になったらホテルでも御殿でも、好きなところに住まわせてやる」と言った。

11人がホテル住まいをすれば、安いビジネスホテルでも1日最低5万円かかる。30日で150万円、3か月で450万円。1人1泊6000円のホテルなら、3か月600万円近くかかってしまう。一軒家は家賃8万円だから、3か月24万円しかかからない。

この計算を示したから「ホテルに泊まりたい」という者がいるはずもなかった。

九州の仕事が終わるころ、「安藤さん、僕たちはホテルにも御殿にも住むつもりはないけど、沖縄に住みたい」と僕に申し出た営業部員が2人いた。沖縄のガリバーも赤字だから、九州方式で黒字化を目指したい、という。

僕は「わかった。九州で稼いだから行かせる」と、沖縄で2人が営業する段取りをつけたが、「でも、黒字が出なければ東京に帰ってもらうよ」と釘は刺しておいた。

2人の仕事のやり方は、午前中はサーフィンをやって営業は午後だけというものだったが、ちゃんと黒字を出した。

ガリバー社内には、これを「安藤イズム」なんて呼ぶ人もいた。「やることさえやって結果を出せば、あとは何をやっても自由」という方式である。この方式がガリバーで根付いたのかどうかは、直後に退職した僕は知らない。

僕は「結果さえ出せば、何をどうしようが自由」というやり方に、諸手を挙げて賛成というわけではない。むしろ、結果につながる重要なプロセスや段取りというものが必ずあるから、そこには重きをおくべきだ、と思っている。

結果だけが重要で「結果10でプロセス0」という人がいたら、「結果7でプロセス3」くらいの割合で結果とプロセスどちらも重要だ、という。これが僕の考えだ。

「このやり方で充分」という思い込みが、いちばん危ない

僕のガリバーでの最後の仕事――九州地方営業テコ入れの話をすると、「なぜ、それが安藤さんにしかできなかったのか？」と聞く人が多い。

ガリバーのビジネス、とくに大都市圏のビジネスは、店舗をいくつも出し、藤原紀香や松井秀喜を使って大々的に宣伝さえすれば、あとは待っていればお客さんが来てくれる。そんな考え方が、色濃くあったと思う。

そこでガリバーの営業たちが考えるのは、車を売りたいお客さんが10人来たら、なるべく10件近い成約を取ること。その打率が高ければ儲かるが、低ければ儲からない。だからどうやって打率を上げるか。つまり、どんな商談をすれば買取がうまくいくかということだけを、みんな考えていた。

ところが、最初の10人のところをどうするか、考える人があまりいない。

その10人のところを20人、30人……と増やしていかなきゃダメだ、と僕はまず考えて、なぜ九州でガリバーにお客さんが来ないんだろう、と調べた。すると、多くの人が父ちゃん母ちゃん企業に車を売りに行き、みんなビッグモーターを紹介されていた。

ならば、父ちゃん母ちゃん企業を倒すか、手を結んで一緒にやるか、2つに1つ。

僕は手を結んで一緒にやるほうを選んだ。こう説明すればみんな納得するが、なかには「でも、ほかの人でも考えつきそうなことでは？」と思う人がいる。

そのとおり、難しい話とは全然思わない。

同じことを思いついてやった人が、僕が九州に行くまでガリバーに誰もいなかったのはなぜだろう、と僕も思う。

ビジネスとはそんなもの。誰でも思いつきそうなこと、という場合が少なくない。**ビジネスの気づきは至るところに転がっていて、必ずしも難しいことではないんだ。「これまでのやり方で充分」や「ほかのやり方は知られていない。このやり方しかない」という思い込みが、いちばん危ない。**

そう思ったら、既存の殻を打ち破れない。

起業とは、これまでの思い込みを捨ててチャレンジすることなのだ。

退職直前〝起業場所探しの旅〟に世界へ出た

九州をガリバーのトップにして東京に帰った僕は、さっそく社長に会いにいった。

「社長は、これができれば辞めていい、とおっしゃった。辞めますよ」

羽鳥社長は言った。

「言い返す言葉もないけれども、できれば一緒にやりたい。役員として、右腕として続けてほしい。これからは国内だけじゃない、海外の時代だ。いまドイツ・オーストラリア・

中国に海外拠点を作ろうと思っている。それを担当する本社役員、海外拠点の社長にするから、考えてくれないか」

その後、前と同じように役員会が開かれて、社長は言葉どおり推薦してくれたようだが反対が多く、この話はなくなった。社長には、もう引き留める理由がない。

こうして僕は、**ガリバーを円満退職**した。

喧嘩別れしたわけではない。僕が辞めて数年後、ガリバーがタイに店舗を開いたことがあったが、そのときは社長から連絡をもらい、僕は店舗開発のお手伝いをした。

僕がガリバーを退職した日付けは、2005年10月31日だ。

仕事大好きで、8月まで九州てこ入れ作戦に熱中していたから、1日も休みを取っていない。

9月には、取得していない有給休暇がたまりにたまっていた。

会社から「取っていない有給を全部消化しなさい」と言われた**僕は、9～10月の有給休暇2か月を使って、海外旅行に出た。**

「日本以外の国で起業すること」は決めていたから、〝起業場所探しの旅〟である。

日本と海外、起業場所として難しいのはどっちだ、といえば、海外のほうがハードルが高いに決まっている。だから、難しい海外を選んでうまくいけば、より簡単な日本では、いつでも起業できる。

まず難しい海外から始めよう、そして自分のチャレンジがどこまで通用するか確かめよう、と僕は考えていた。

ご飯を食べるとき、僕は好きなものを残しておいて最後に食べるタイプ。好きなものはいつでも口に入れて満足できるから後回しにして、まず、苦手なものや、さほど好きではないものから手をつける。起業ビジネスも同じだ。

僕は英語が大得意というわけではなくて、人並みにちょっとできたくらい。生まれ育った座間には、米軍座間キャンプとインターナショナルスクールがあり、僕は小学校低学年のとき通ったことがあった。

高校では1年海外にいたし、大学でもさかんに海外に出かけた。いちばん長かったのはフランスで、9か月暮らしフランスを拠点に各国をまわった。ウクライナにも行き、ヨーロッパの国は全部行っている。南米のブラジルやアルゼンチンでも3か月ほど暮らした。

そんな経験からも、英語が通じる国ならば、しばらく住めば言葉の問題はなんとかなるだろう、と思っていた。

運命の国、起業する国は「タイしかない！」

起業場所探しの旅では、学生時代に訪れたことのある国も含めて、世界をまわった。効率よく移動できるルートを計画し、まず東南アジア、次にインド、中東、9か月住んだフランスを拠点に訪れたことのあるヨーロッパは適当に切り上げてアフリカ、そして南北アメリカ大陸という旅だった。**60か国以上訪れた**だろうか。

目的は場所探しだけだから、文字どおり駆け足の旅。ある国に入るとジェトロ（JETRO＝日本貿易振興機構）の海外事務所へ直行し、用意していた質問をぶつける。

「僕は起業しようと思ってるんです。可能性はあるでしょうか？」

「この国の経済、社会状況や生活環境はどうですか？」

「この国ならではの独特な商慣習とかハードルって、何かありませんか？」

「現地法人の設立手続きは、この国ではどうやるんですか？　わりと簡単なのか、それとも日本人には難しいですか？」

あれこれ話して概要をつかめたら、あとは主なところを見てまわり、「はい、次の国」という感じ。長くいた国でも5日もいない。どこでも現地のものを食べたが、これはその国の感じをつかむため。まずいものばかりならこの国はヤメ、なんて発想はない。ちなみに僕はタイ料理が苦手。辛いのは大丈夫だが、香草の味が強すぎるので、タイではいつも日本食だ。

もちろんこのことは、タイでのビジネスとは何の関係もない。

日本に帰った僕は、旅の記憶を頼りに、起業する国を考えた。「タイだ。タイしかないぞ！」と、すんなり頭に浮かんだ。

わりと日本に近く、日本企業の現地進出もさかん。首都バンコクに日本人が大勢いたから、日本人向け・現地向けどちらのビジネスも成り立つ。アフリカみたいに日本人がほとんどいない国では、現地の人に受け入れられなければ即終了だが、その心配はない。

「親日のいい国だったなあ」という記憶もあった。歴史の長い国で、1600年代に山田長政らの日本人町があった、太平洋戦争のときは日本の協力国で日本と戦ってない、日本の皇室はタイ王室と付き合いがある、といった基礎知識もあった。

もう1つ、重要な要素は物価だった。タイの物価は、日本の3分の1から半分くらいといわれるが、日本の4分の1くらいじゃないかと僕は感じた。

円の価値が高く物価の安いことも決め手の1つだった。

幸運と悪運はトータルでプラマイ・ゼロ、ということだ

忘れもしない2005年10月25日、僕は新天地タイへと旅立った。

この日のことを僕は、「ああ、あれは運だった。〝運〟という以外、言い表す言葉は絶対ないな」と、まじまじ思い出す。

出発の何日か前、僕は幼なじみの友人に、僕のセルシオで羽田空港まで送ってほしい、と頼んであった。

彼とは「タイで一緒に仕事しないか?」「いや、まだ就職して3年もたたない。絶対やらないよ」と何度か話し合っていた。そこで「空港まで一緒にきて、車を家に戻してくれよ。成功するまで俺は帰らない。当面会うのは最後だから」と頼んだ。僕がバスや電車で行けば一緒にきてもらう必要などないから、これはタイ行きを口説く口実。空港への道すがら「こんな夢がある」「必ずうまくいく」「一緒にやろうよ」と僕は話しつづけた。

ところが、羽田空港の手前で、なんとも**運命的な〝大事故〟が起こった。**

余裕をもってチェックインしたいと車を飛ばしていたら、カーブを曲がりきれず側壁に激突してしまったのだ。友人も僕も、かすり傷一つ負わなかったのは幸いだった。

事故処理は友人にまかせ、僕は警察車両で空港まで送ってもらい、そのまま予定していたタイ行きの飛行機に乗った。

大破したセルシオは廃車となった。

このとき、**僕は3つのことを思った。**

1つは、頑丈なセルシオは大金650万円を払っただけの価値がある。この車なら、よほどの大事故にあわないかぎり死なないぞ、ということ。「これが軽自動車だったら、俺、間違いなく死んでたな」と思った事故だった。

もう1つは、あぶく銭は身につかない。学生時代パチスロで稼ぎ、大学1年のときトヨタの最高級車セルシオをキャッシュで買った僕に、両親は「あぶく銭、身につかず」とよく言っていた。「いや、本当にそうだ。親父やおふくろの言ったとおりだった」と、しみじみ思った。**残る1つが、「運」「運命」「導き」といったものの存在だ。**

羽田手前で大事故のひどい目にあった。でも、無傷でタイに出発できたのだ。タイでは成功が待っている、と感じた。往きの飛行機の中で、早くもそう思った。

というのは、一緒に事故った友人も「安藤はタイに行く運命だ。何か不思議な導きのおかげで、あいつは無傷で飛行機に乗れたんだ」と感じたらしい。「そんな男と一緒にやってみるか」と、彼は2年後タイに現れた。

セルシオの事故以来、僕は〝運〟について、よく考えるようになった。

運というのは、トータルで見れば、誰でもプラス・マイナスがゼロになっている。

パチスロの大勝でプラス、高級車を買って大きな自損事故で大破して廃車にしてマイナス、タイで大成功してプラス。

人生もビジネスも「山あれば谷あり」、同時に「谷あれば必ず山あり」だ。最終的に振り返ったとき、山の高さの合計と谷の深さの合計は、イコールなのである。

これは証明できるような類いの話ではないし、「何いってんの？」という人に反論する気もない。しかし、僕はセルシオで事故ったときからそう思うようになった。

そして、いまでも、**人生やビジネスというのは、幸運・悪運でプラマイ・ゼロ**になっている、と信じている。

こう考えれば、いつ出会ってどう働くかわからない不思議な運だって〝運をコントロールする〟というか、その余地があるように思える。山あり谷ありで、山の高さと谷の深さがトータルで同じ。ならば、山に登りたければ、まず谷を下ればいいじゃないか。

だから、**ビジネスで成功を目指す僕は、プライベートとか遊びとか、失敗してもかまわないことで大きなお金を遣って、わざと悪い運を使う。**

ビジネスでここぞというとき、本当に働いてほしい幸運を呼びたいから定期的にそうしている。

もしも、あのとき

起業を目指す若い人たちに伝えたい。

自分にとって何が幸運で何が悪運かなんて、運と出会った瞬間は、わかるはずがない。いま自分がやっていることが何かの運の結果なのか、自分はどこでどんな運を拾ったのかも、はっきりしない。**あとで振り返ったとき、「ああ、あれは運だったのかな」**と思うだけだ。

でも、はっきりしていることが1つだけある。それは、僕がこれまで出会った数え切れない人たちが、僕をいくつもの「運」に出会わせてくれた、ということだ。

だから**あなたも、チャレンジをどんどん重ねて、何人もの人に、できるだけ多くの人たちに出会うといい。**

誰でも思うことで、「もしもあのとき」という偶然が積み重なって人生は思わぬ方向へ転がって行くような気がする。

「もしも」ガリバーという会社との出会いと、ビジネス修行を経験しなかったなら、その後の僕のビジネス展開は生まれなかったかもしれない。いま言えることは、そのおかげで、「いまの自分があるのだ」と信じていることだ。これは確信だ。

3

情報を生かす力

集め、分析し、ビジネスに結びつける

タイ・バンコクでの初仕事は、日本人向けの携帯販売だった

この章では、タイで起業してから今日までを語ろう。

僕は2005年10月にタイのバンコクで暮らしはじめた。

日本への未練は、まったくなかった。それこそ1ミリもなく、彼女とも、先行きどうなるかわからず、待ったり待たせたりする気持ちもイヤだから、スッパリお別れしていた。

成功しないまま日本に帰るつもりは100%ない。何があってもタイで頑張る。そんな〝強い思い〟や〝覚悟〟では誰にも負けない、と信じていた。

タイ語がよくわからなければ、生活も仕事探しもやりにくい。僕は、タマサート大学院のMBA（経営学修士）コースに通いはじめた。これならタイ語を勉強しながら、MBAを取ろうとするタイのビジネスマンに会える。タイで大学院まで行くのはかなり裕福なエリートたち。知り合っておけばプラスになる、と思ったのだ。

大学院の授業は土日だけだから、仕事を探す時間も、仕事する時間もたっぷりあった。

MBAコースは07年夏に卒業することになるが、もう仕事が忙しくなっていたから、卒業式はバックレて出ていない。

タイでの初仕事は、日本で仕入れた携帯電話をタイで売る携帯販売業。始めたのは、言葉もある程度わかるようになった2006年1月ころだった。「これ、ビジネスになるぞ」と気づいたのは、僕自身がタイで使う携帯電話を買ったときである。

当時の携帯電話は、通信事業者1社のサービスしか使えないようにSIMカードがロックされていた。日本でドコモ携帯のSIMを、au携帯に挿しても使えない。タイで現地事業者のSIMを、日本から持っていった携帯に挿しても使えない（現在はSIMロック原則禁止）。

ところが、日本で販売中の携帯電話の一部にSIMロックを解除できる機種があった。それをタイの店で改造してもらえばタイで使えるようになり、駐在員はじめタイにいる日本人の多くが使っている、とわかったのだ。

首都バンコクに8階建ての巨大ショッピングモール「MBKセンター」（マーブンクロンセンター）がある。その3階フロア全部が携帯電話売り場で、大盛況を呈していた。どの店もケーキ屋のようなショーケースに携帯を並べて売っている。客から中古携帯を買い取って売る質屋みたいな店もある。日本の携帯を仕入れ、タイで使えるように改造して売る店もある。価格は安くて1台1万バーツ（当時のレートで約3万円）、高くて3万バーツ以上（10万円）。タイでは高級品だから、多くのタイ人は中古を買っていた。日本製携帯が高額だったのは、カメラ性能が抜群によかったからだ。タイではデジカメも高額だから、高性能カメラとしても使える携帯が人気だった。日本で仕入れたデジカメも売られていて、日本で3万円くらいする新品が2万バーツ（6万円）くらい。

タイでは、日本で新車価格150万円くらいの乗用車が、400万円前後で売られていたりする。自動車関税が基本200％だから、輸入車価格が3倍に跳ね上がる。日本で6～700万円するトヨタのアルファードが2000万円くらいという感じで、欧米からの輸入車も同じだ。

車はさておき、携帯やデジカメをスーツケースに入れてタイに持ち込むのは簡単だ。タイには昔も今も、夜の遊びを楽しみたい中年男性が日本から大勢訪れる。MBKセンターで携帯やデジカメを売るおじさんたちを、よく見かけたものだった。

携帯電話の機種代金が毎月の通信料に含まれてゼロ円という時代。同様のサービスは現在もあるが、月何千円の通信料は最低1年契約で、途中解約すると違約金を取られるかたちになっているはずだ。この違約金システムが昔はなかった。だから、日本のゼロ円携帯をタイで売って小遣い稼ぎをする日本人が、少なからずいた。

この状況を見て、僕も月に1度、短期で日本に行き、携帯電話を仕入れてタイで売る商売を始めたのだ。

ゼロ円携帯をもとに勝機をつかんだが、撤退を余儀なくされた

日本で携帯をスーツケース1つか2つに詰めて、タイへ持ち帰る。

日本からの出国は、空港で荷物を預けるから、止められないし何も言われない。

タイへの入国も、審査がゆるいから、ほとんどいつもすんなり通ることができた。

ごくたまに「待て」と呼び止められ、スーツケースを開けられたことがあったが、「友だちへのプレゼントです」などと乗り切った。正直いえば、ちょっと袖の下を使ったことも何度かあった。〝東南アジアあるある〟というやつだ。

手間がかかったのは、携帯電話の日本での仕入れである。家電量販店では、いま話したゼロ円携帯を買えたが、1人3台までと制限されていた。僕がほしいのは20～30台といった数だから、自分で買い、家族や友だちに頼んでも、その数にはほど遠い。

そこで僕は、「2ちゃんねる」などの掲示板で「携帯電話買います！　時給3万円でバ

イトしませんか?」と募集をかけた。

応募してくれた人は、量販店で3契約してもらう。契約書3枚を埋めるのは面倒だが、書く内容は同じだし、まあ1時間もかからない。その人は携帯電話3台が手に入るから、僕が1台1万円で買い取る。これで3万円なら、悪くないバイトだろう。

僕のほうは、**日本で1万円で仕入れた携帯がタイで6万円で売れる。飛行機代や日本滞在費その他のコストはかかるが、悪くない商売**だろう。

最初に僕がやったのは、携帯を日本で仕入れてMBKセンターのタイ人店に売る〝卸売り〟だ。売った先の店は、僕から携帯を6万円で買い、改造して8万円で売る。

だったら、できる人に改造を外注し、自分たちでブースを構えて売ったほうが、いいに決まっている。だから僕はすぐ卸売りをやめて、自分の店で〝小売り〟を始めた。

僕の店は、改造費を含めても、タイ人の店より圧倒的に安い。彼らは6万円で仕入れて8万円で売るから2万円の儲け。僕は1万円で仕入れた携帯を彼らの2割5分引きの6万円で売っても5万円の儲け。まるで勝負にならず、誰でも僕の店で買う。

現実に、**40台売って粗利1台5万円、利益200万円という月があった。**

ところが、周囲のタイ人たちの〝やっかみ〟を招いてしまい、嫌がらせが頻発。タイは昔は賄賂や汚職が横行していた国で、かなりひどい状況だった。同業のタイ人たちが、警察を使ってさかんに脅かしにかかってきたのである。

警察官2～3人が突然、店に来て「この携帯どこから持ってきたんだ?　密輸品か?」とか「タイでは法律で携帯電話の輸入が禁じられている。知らないのか?」とか、あれこれ難癖をつける。念のため調べたけど、そんな法律はもちろん存在しない。「逮捕するぞ」と、警察署に連れていかれたこともある。

こんな商売は、長続きしなかった。結局、3か月で撤退を余儀なくされてしまった。

タイでやった徹底的情報収集と分析による起業

タイで僕が最初にやった起業は、自分1人で始めるスモールスタートの典型だ。

ここまでの話で、**起業を目指す若い人たちに考えてほしいことが、2つある。**

第1に、起業には〝情報〟が決定的に重要だ、ということ。

僕の携帯販売事業に大金は必要なかった。携帯を仕入れるお金と飛行機代や滞在費以外に大きな出費はない。人を雇うお金も、オフィスや店舗の賃料も、広告費もいらない。

必要だったのは、まず情報だ。次に情報。さらに情報である。

- タイでは、多くの日本人が携帯電話を使っている。
- その携帯は日本製でよいが、SIMロックを解除できる機種に限る。
- タイで必要な改造を施せば、日本製携帯がタイで使える。
- タイで使える日本製携帯は、タイ人の店で8万円くらいで売っている。
- 日本製携帯は、秋葉原で1台ゼロ円で手に入る。ただし1人3台まで。
- 日本で日本製携帯を仕入れて、タイに持ち込むことはできる。
- MBKセンターは1フロアが携帯売り場で大繁盛。ブースを借りれば広告不要。

こうした情報は、図書館に何日もこもり、資料を読み込んで初めてわかること、ではない。専門家に聞かなければわからないこと、でもない。

タイの街を歩き、MBKセンターでよく観察し、何人かの日本人から話を聞き、日本での携帯の入手方法を量販店にでも電話して調べれば、すべて入手できる情報だ。

もちろん、**情報をたくさん集めるだけでは、ビジネスにはつながらない。**

得た情報から重要なものを選び出し、組み合わせて、「こうすれば、こうなるはずだ」というシナリオを作る。この段階で、僕は携帯販売業の成功を確信した。

そして念のため、あれこれ条件を変えて——たとえば1か月に何台仕入れて何台売れた場合はシミュレーションし、**グッド・シナリオとバッド・シナリオを作る。**

第1章の「想定シナリオを手に、猛スピードで走り出せ」（41ページ）、第2章の「でっかい紙を広げて営業戦略を書き込んでいく」（83ページ）という話も思い出してほしい。

あとは、自分で実行するだけだ。

Win-Winを考えない起業は必ず失敗する

第2に、起業して、いくら儲かったとしても、周囲の人びとの仕事や利益を奪ってしまうビジネスは、決して長続きしない、ということ。

最初の起業から3か月で撤退したとき、僕がつくづく考えて肝に銘じ、いまでもポリシーにしているのは、こんなことだ。

「タイで、タイの人の仕事や利益を奪ってしまうビジネスが、長続きするはずはない。自国民の仕事や利益を奪う外国人と見なされれば、なおうまくいかない。**Win-Winの**

関係を築かなければ、商売は絶対に成り立たない」

タイでは日本の自動車・家電・精密・化学メーカーなどがさかんに現地生産している。外務省データによると２０２０年時点で、東南アジアに進出した約１万５０００社のうち４割近い５９００社がタイに出ている。でも、トラブルになったとは聞かない。

考えてみれば、どの日本企業もこれまでタイに存在しなかった分野の工場を建てて製品をつくる。誰もタイ企業から仕事を奪っていない。逆に、これまでにない大きな雇用を生み出し、取引先のタイ企業も育てている。だから、どこからも文句は出ない。

ビジネスにはＷｉｎ－Ｗｉｎが必要だ、と最初の起業で気づくことができたのは、僕にとって本当に幸せだった。

日本人相手の旅行業が「商売になる」ということに気づいた

「ヤバい！　たった3か月で最初のビジネスの携帯事業が終わっちゃった。次、どうする？」

そこで、僕は考えた。タイに移住すると両親や友人知人たちが僕を訪ねてくれるようになったが、みんな「ホテル予約して」「空港からの車を手配して」と僕に頼む。

「やっといて」と両親が僕に言うのは当たり前だが、20代の友人知人もみんなそうだ。彼らがパソコンであれこれ調べても、肝心のタイの情報はほとんど出てこない。２００６年にＳＮＳは普及していないし、グーグルマップもストリートビューもない。英語でちゃんとしたホームページを作るタイのホテルも数が知れている。日本で取ることのできるタイ情報は、現在とは比べものにならないほど少なかった。

海外旅行といえば、旅行会社に申し込んでホテルや航空券を取るか、旅行会社の企画するパッケージツアー（パック旅行）に参加する時代だ。**「タイに来る日本人相手の旅行会社なら、ビジネスになるかも」と思った僕は、さっそく情報収集をはじめた。**

調べると、ＪＴＢやＨＩＳなど日本で知られる旅行会社がタイのホテルを予約するときに、ホテル側がマージンを３割ほど取っていた。ということは、日本で予約すれば１万円かかるホテル代は、タイで僕が予約すれば７０００円で済む。この情報を手に入れただけで、日本の大手旅行会社と充分勝負できる、と僕は確信した。

次に考えたのは、どんな日本人をターゲットにするか。

初めて海外に行く人は、近くて安いハワイ、サイパン、グアム、韓国あたりを選ぶだろう。新婚旅行や家族旅行でタイに来る人がいても、今年タイ旅行をすれば来年は来ない。タイを再訪問するお金と時間があれば、行ったことのない国を選ぶに違いない。

当然、利用頻度の高い人をお客さんにする必要がある。そこで、また情報収集だ。

タイで遊ぶ日本の中年おじさんたちには、年に3回4回とタイを訪れる〝ハードリピーター〟がいるようだ。おもしろく興味深いことが、いろいろわかった。

この人たちは、日本の旅行会社のツアーを利用すると、興味のない観光地に連れていかれて困ってしまう。

日本の旅行会社は、タイの観光地の土産物屋さんやガイドさんから、日本人団体客を連れていってキックバックを受け取るから、人気観光地をツアーからはずせない。

そこに行きたくないツアー客が「朝からお腹が痛いからホテルで寝ている」と言うと、違約手数料といった名目でプラス1万円を払わなければいけない。「バンコク3泊4日、2万9800円!」といった格安ツアーは、こんな仕組みで成り立っていた。

だから、パック旅行を利用しないハードリピーターは、格安航空券を旅行会社で買い、別途、自分でホテルを予約する。英語ができる人は、日本でメールやファクシミリを使ってホテルを予約していた、これは、いかにも面倒くさい。

そこで、**タイに遊びにくる日本人相手の旅行会社をやろう、と僕は決めた。**

手間賃をもらう個人的な旅行業をしばらく続けたあと、２００６年10月に「ＢＰツアーズ」という会社を法人登記し、ライセンスも取得した。やっぱりスモールスタートである。

店を開いたのはバンコクのど真ん中、タニヤ通りとパッポン通りの間のオフィスビル。通りに日本語の看板があふれ、ラーメン店や焼肉屋も並び、日本人が集まるエリアからごく近い。来店するお客さんは１００％日本人だから、接客は僕が担当。タイの女性４人を雇って、ホテル予約や航空券手配など事務作業をしてもらった。

ハードリピーターたちは、日本で往復航空券を買ってタイに来ると、帰りの航空券をタイで払い戻し、安い片道航空券に切り替えるということをやっていた。

物価が違うから、そのほうが断然安い。僕の「ＢＰツアーズ」は、ホテル予約のほか、このタイ発日本行き航空券を扱って売り上げを伸ばした。

「ＢＰツアーズ」にお客さんが集まりはじめると、僕のマネをする会社も出てくる。

そこで、**差別化のため、航空券やホテル予約以外に現地ガイドを強化した。**カウンターに必ず日本人がいて「この店お勧めですよ」と情報提供する体制にしたのだ。

思いがけないトラブルに巻き込まれたときの〝お助けサービス〟も始めた。

「店でぼったくられそうになっている」「警察官に呼び止められたが何を言ってるか、ちんぷんかんぷんだ」「連れがお腹が痛いと言うから病院に行きたい」などなど——**どんなトラブルでも電話1本で駆けつけて解決する。航空券やホテル予約でうちを利用した人なら、誰でも無料で使えるアフターサービスにした。**

これは、お客さんをつかむのに絶大な効果を発揮した。このサービスに1度助けられた人は、タイに来るとき必ずうちを使ってくれる固定客になり、周囲にうちを紹介してくれる。やっぱり日本人は律儀で世話になったら返す、という気持ちが強い。


インターネットをうまく使ったことも、成功した大きな理由の1つだった。

これはガリバー時代の経験がものをいった。グーグルなどネット検索に「中古車」と入力した人が、ガリバーのホームページを読んでくれることは、きわめて重要だ。

検索結果トップに表示されたページは調べた人の9割が見る、上位3つは7割の人、4位以下は3割の人しか見ない、というようなデータがあるからだ。

そこでネットを商売に使うときは、検索ワードでうまくヒットして検索結果の上位に出るホームページをつくる「ＳＥＯ（検索エンジン最適化）対策」がカギになる。

これは、いまでこそネットの常識だが、当時はよく知られていない。僕はガリバーでノウハウを知っていたから、ＢＰツアーズの開業と同時にホームページを立ち上げ、検索結果トップに表示させ、集客に結びつけることができた。情報戦に勝ったのだ。

人びとの考え方や国民性も、ビジネスに必須の重要情報

旅行会社のお客さんは順調に増えていったが、問題もあった。

1つは、うちはホテルをちゃんと手配してお金も支払っているのに、ホテル側でダブルブッキングになってお客さんが宿泊できないトラブルに、よく見舞われた。悪いのはホテル側でも、うちが泊まれるようにしなければならない。

もう1つは、僕がタイ人社員を使うことに慣れていないせいで起こったトラブルだ。

ある日、店に出ると女性社員4人が誰も来ない。待てど暮らせど出社せず、そのまま夜になってしまった。電話すると「仕事が厳しすぎる。もうあなたとは働きたくない」という。

説得したら、翌日1人だけ来てくれたが、残り3人はそのままさよなら。

この経験から、僕はタイ人社員への話し方を工夫するようになった。

それまで「急いで」とだけ言っていたのを、「急がないと、こんな問題が起こってしまう」と理由を説明し、「だから急いでね」と言うようにしたのである。

たとえば「日本人のお客さんは、いまうちが受けたホテル予約が、ちゃんと取れたかどうか、急いで知りたいんだ。今日も明日もうちが返事しなければ、別の旅行会社に頼む。すると、今回の仕事がなくなっちゃうだけじゃなくて、その人は2度とうちを使ってくれなくなるんだよ」と説明し、「だから、今日中にホテルから確認を取ってね」と話す。

「仕事が厳しすぎる」と思っている子には、「厳しいと思うかもしれないけど、あなたがたくさん仕事をすれば、それだけ会社の儲けが大きくなる。すると、あなたの給料が上がる。そうしたら、自分のバイクを買うこともできる。その先、車や家だって買えるようになるよ」というように、仕事のバックグラウンドを懇切丁寧《こんせつていねい》に説明した。

タイ人スタッフの誰か1人がわかれば、同僚に同じことを伝えてくれる。「顔も見たくない」から、みんな「じゃあ一緒に頑張ってみよう」となっていった。

なかには感覚が日本人に近いタイ人もいて、しかるべきポジションにつけ、それなりの給料を払うとぐんぐん伸びていく。案外日本と同じだなあ、と思うこともあった。

暖かい気候のせいもあってか、タイの人たちは基本的にのんびり、ゆったりしている。「時間を守らなければいけない」という意識が薄い。

アメリカや日本のように、出世欲が強く、何につけてもガツガツしているような人は、見たことがない。急ぐ仕事や厳しい仕事は、ハナから性に合わないらしい。

でも、スタッフが時間を守らなければ、ビジネスにならない。どうすればタイの人たちにうまく働いてもらうか、試行錯誤の連続だった。

最初は僕の会社も、日本のふつうの会社と同じように、「遅刻したら罰金を取る」「無断欠勤したらそのぶん給料から差し引く」などと本人がマイナスになる条件を決め、〝そうなりたくない〟ことでルールを守らせようとしていた。

これはうまくいかないと気づいた僕は、「時間を守ればお金がもらえる」と本人がプラスになる条件を決め、〝そうなりたい〟ことでルールを守ってもらうやり方に変えた。

「1か月無遅刻・無欠勤だったら1万円あげるよ」と、賞金つきの皆勤賞を始めたのだ。

タイ人社員の平均給与は日本円にして月10万円くらい。それが無遅刻・無欠勤で1割増しの11万円になれば、喜ばない社員はいない。前よりも断然、効果的だった。

以前のやり方がタイでうまくいかないのは、罰金を取っても、タイ人社員が時間を守る結果にならず、その人がただ辞めちゃうだけ、ということがよくあったからだ。


タイは、完全失業率が1％を切っている国である。

完全失業率は、労働力人口のうち、仕事がなくて、しかも求職活動中の人が占めるパーセンテージのこと。人手不足がいわれる最近の日本で、3％前後くらいだろうか。仕事のない若者が、インターネットカフェでどうしたとか、ホームレス同然の状態になっているとかいうニュースが、たまに流れている。

対して完全失業率1％以下のタイでは、選り好みさえしなければ仕事はいくらでもあって、働けないことはない。離職・停職・解雇・失業などは、日本ではシビアな大問題。でも、タイは違う。「会社辞めても次があるでしょ。イヤなら、さっさと辞めりゃいいじゃん」みたいな感じで、1つの仕事や会社にしがみつく人が、あまりいない。

タイの人たちの考え方や国民性は、風土と密接に関係し、長い年月をかけて培《つちか》われてきた。このことに注目しなければ、タイでのビジネスはうまくいかない、とタイで起業を繰り返してきた僕は思う。

ある場所で暮らす人びとの気質や考え方というのも、起業に欠かせない重要情報だ。

それでもタイビジネスのメリットの大きさ

タイのビジネス環境は日本と比べてどうなのか、**タイは移住先や起業場所としてどんなメリットがあるのか、**について話しておこう。

〝運命の国、起業する国は「タイしかない！」〟でも述べたが、**最大のメリットは、タイの物価が安いことだ。**

タクシー代は、初乗り35バーツだから140円くらい。為替相場は1バーツ＝4円くらいだから「バーツの4倍が円」と覚えておけばいい。

この値段なら誰でも気軽にタクシーを利用できる。タイで老後を暮らす日本人が、だんだん体が衰えてきても、かかるお金を気にせずにタクシーで外出できる。

家賃は、バンコク中心部から4～5駅――ど真ん中の駅から15分くらい離れれば、プールやジム付きで日本ならば30～40万円くらいのタワーマンションに、月5～6万円で住むことができる。タワマン家賃が日本のアパート代より安い。この住まいからバンコク中心部までタクシーに乗っても、300円くらいしかかからない。

物価が安いから、起業でスモールスタートを切りやすい。少ない資本でも、ビジネスにチャレンジできる。

これは、僕がタイを起業場所に選んだ決め手の1つだった。

具体的なイメージはこうだ。

開業資金500万円を用意した人が、日本の大都市で店を持とうとしても、内装をいじるだけで資金が尽きてしまうだろう。でも、タイならば自分の店を持つことができる。

あるいは500万円持っている人は、日本では1年頑張るのが精一杯。それでダメなら諦めるしかなさそうだ。でも、タイならば3～4年は耐えることができる。

いま1000万円持っている人は、タイで、日本で4～5000万円持っている場合と同じようなビジネスができる、と思っていい。

フリーの日本人がタイで新たに借金することは簡単ではない、と前に話した。

でも、数百万円～1000万円といった、ある程度まとまったお金を持っている人は、タイでは相当な使い出があって、借金なしでビジネスに結びつけることができる。

フリーだからやりにくい、ということもない。

あとで僕が不動産業に出た話をするが、ハワイには、不動産売買や賃貸を仲介する日本人が200人くらいいる。世界に出て仕事している日本人は、けっして少なくない。日本という国にこだわり、日本国内で仕事しなければいけないなんて決まりはないし、海外より日本のほうが儲かるとも決まっていない。

少なくとも僕の場合は、日本よりタイでやるほうが、はるかに儲かった。

若い人たちはどんどん世界に出て仕事すべきだし、実際そうしている人たちが少なくないのである。

これは、僕がみなさんに伝えたいことの1つだ。

物価以外の社会環境や生活環境についても、触れておこう。

タイは、日本人にとって、とても暮らしやすい国だ。「海外に移住するならどこ？」と聞くアンケートがネットによくあるが、国でタイ、都市でバンコクは、最上位の常連だ。気候や風土は、タイの人たちの気質や国民性のところで触れたとおり。親切で人なつっこく、気のいい人たちが多い。食べるものもおいしい。

歴史が長く、安定した国だから、社会インフラもしっかりしている。停電が頻発したり水道が出なかったり、ということもない。治安もいい。日本の外務省が出しているデータでは、バンコクの治安状況は、東京より下だが、大阪より上。つまり、アメリカなどとは比較にならないほど治安がよい。もちろん銃社会でもない。

タイマーケットがもっと広がる理由

そんな暮らしやすいタイだから、日本から移住する人は、これからも増える。

いまタイにいる日本人は、在留届けを出した人だけで9万人くらい。在タイ日本大使館は3か月以上連続滞在する人に在留届けの提出を求めているが、義務ではなく強制力もないから、半分以上の人が届け出ていないと思われる。だから実際に住んでいるのは20万人くらい。その**8割がバンコク在住**だろう。

タイの日本人社会の規模は、どう推移していくか。注意して見ているが、タイの日本人駐在員は、年に3〜5%というペースで緩やかに増加すると思う。

加えて「老後をタイで」という人がいる。20年前には、ほとんど見なかった人たちだ。日本で買ってローンも終わった自宅は子どもに譲り、夫婦でタイに移住。バンコク中心部からちょっと離れた広いタワマンで優雅に暮らす。物価が安いから、退職金は貯金したまま、年金で楽に生活していける。日本にいる子や孫たちは、家賃が浮くうえに、タイに別荘があるようなものだから、夏冬の休みに家族でタイを訪れ何日も滞在する。

日本でもタイでも、どこでも同じ仕事ができるソフトウェアの開発者とか、もの書きとか、そんな人たちもやってくる。

タイは人口7000万人くらいだが、面積は51・4万平方キロと日本の1・4倍。人はまだまだ住めるから、日本人にかぎらず、**海外からの移住者が年に10万人**といった規模で増えていくはずだ。

もちろん、**もっとも多いのは中国人**。東南アジアには昔から、中国沿岸地方（福建省や広東省など）の人びとがさかんに移り住んだ。本国を離れて暮らす中国人を「華僑《かきょう》」という。彼らの結束が強くて商売上手なことは、世界各地にある中国人街を見ればわかる。

タイは典型的な華僑系の国で、華僑の力は非常に大きい。インドネシアやフィリピンも似たところがあると思うが、タイのほうがはるかに中国系が強い。そもそも中国とは地続きだし、歴史を見れば中国の支配がタイの隣のベトナムまで及んでいた。中国系の血が混じっていないタイ人を探すほうが難しい、という学者もいるくらいだ。

もっとも、戦前からタイにいる中国系の人たちは、自分をタイ人と思っているし、中国語も知らない。中国系と自他ともに認める人は、人口の1〜1・5割くらいだろうか。華僑が多くて強いタイには、インド系の移民、いわゆる「印僑《いんきょう》」も非常に多い。

タイは、人口約14億人の中国とインド、両大国にはさまれた位置にある。

華僑や印僑むけのビジネスは、それぞれに大きなアドバンテージを持つ中国人やインド人がいて、彼らの会社があるから、ほかの国の出身者が手がけるのは難しい。

僕たちの大きなアドバンテージは、日本人であること。そして、日本人としてタイのビジネスを成功させてきた経験とノウハウがあること。だから、ターゲットを日本人に絞るというやり方は、将来も大きく変わることはないだろう。

チャレンジするワクワク感が薄れてきたら、会社を売る

旅行会社「BPツアーズ」を、僕は10年間続けて、2016年に売却した。

最後の年は日本円にして年商20億円、利益2億円ほど。会社の売却額は利益3年分という感じで約7億円。日本人の個人旅行に限れば、タイのホテルをもっとも多くブッキングしていた会社だ。いちばん多いとき日本人5人、タイ人スタッフ50人ほどが働いていた。

長く働いてくれたタイ人のなかには、車や家を買った人もいた。

自分の会社が儲かっていれば、もっと大きく、もっと儲かるようにしていこうと考える経営者が多いだろう。その会社を売ろうと考える人は、あまりいないのではないか。

でも、僕はタイで、起業と会社売却を繰り返してきた。売却するのは、いつもその会社がいちばん儲かっていて、いちばん高値で売れるときだ。赤字つづきで潰れそうな会社に見切りをつけて安く手放すわけじゃない。

僕が会社を売る理由は、大きくいって2つある。

第1の理由は、会社の〝役割〟あるいは〝存在意義〟がそろそろ終わりに近い、と思ったら売る。

旅行会社BPツアーズでいえば、第1の理由はこうだ。

僕が会社を売る2年ほど前――14年ころから、ブッキングドットコム、アゴダ、エクスペディアといったオンライン宿泊予約サイトが始まり、僕の視野に入ってきた。

どれも、とことんWin-Winにできているシステムである。

利用客側では、ネットでホテルの予約日時や部屋を決め、クレジットカード番号を入力して決済すれば、その瞬間に予約が完了する。ホテル側では、ある日は空室が多いから半額で客を入れようとか、別の日は空室が残りわずかだから倍の値段にしようとか、瞬時に価格を設定・変更できる。客の予約情報も瞬時に伝わり、料金の請求先もわかる。

旅行会社に予約したいホテルと日時を伝え、空き状況を確認し、ちゃんと取れたという連絡を待って代金を支払うといった面倒くさい手続きとは、比べものにならない。

客側もホテル側も、メモ1つすら取る必要がなく、いながらにして予約が完了する。

客とホテルが直接オンラインでやり取りするこのシステムでは、旅行会社が途中に介在する必要がない。しかも、多くの人がSNSなどで情報発信する時代。誰でもネットで簡単に情報を取れるから、「BPツアーズ」が提供していた現地情報の価値も下がっていく。

アナログな旅行会社は、価値や存在意義を失い、今後は衰退していく一方だ、と僕は確信した。もう伸びないと思えば、売れるうちになるべく高値で売るのは当然だ。

会社売却の第2の理由は、このまま続けても、以前に感じたようなワクワク感がなくなり、自分はもう飽きた、と思ったら売る。

長く続けていると、「こうすればもっとうまくいくのでは」「もっと儲かるのでは」とチャレンジする僕のワクワクする感じが、どうしても薄れていく。僕自身がその会社やビジネスに飽きてしまい、続けていてもおもしろくない。だから、この事業はおしまい、もっとおもしろいことをやろう、と会社を売るのである。

「このサービスなら、みんな利用してくれるんじゃないか」「こうすれば、お客さんの満足も大きいから儲かりそうだ」とやって思いどおりになり、「やった！　当たったぞ‼」と喜べる瞬間は、起業やビジネスの醍醐味だ。ここが、起業やビジネスでいちばんおもしろいところで、人生をかけてやる意味のあることだ、と僕は思う。

思いどおりに当たらなかったら、そこで失敗と決めつけて諦めるのではなく、当たるようにもがき続ける。「1年後の目標はこれ。達成まで続けよう」とか「3年でこの3つを実現しよう」と目標を立てて、もがくのだ。七転八倒《しちてんばっとう》のたうち回って、いろんなもがき方を試せばいい。もがき苦しんだ果てに当たったときの喜びは、なお大きい。

僕は〝赤字会社〟を買うのが大好きだ。赤字続きでどうしようもない、と経営者が投げた会社を黒字にするのが、おもしろくてたまらない。赤字になるのは、会社やビジネスモデルや社員がダメなせいじゃない。誰かのせいだとすれば、悪いのは経営者しかいない。

赤字会社の黒字化は、経営者の腕の見せどころだ。

サラリーマン社長では難しい赤字会社の買収や黒字化は、起業家だから味わえるビジネスの醍醐味といえる（僕はGAテクノロジーズのグループに入ったため現在は、やっていない。『令和の虎』の出資は会社と関係なく、僕が個人的にやっていること）。

起業して、そんな醍醐味や喜びに浸った人もいるだろう。まだの人は、起業がうまくいけば必ず味わえる日がくるから、チャレンジを続けてほしい。

そんな醍醐味を、僕は何度も経験してきた。でも、同じビジネスを続けていると、年月がたつにつれて喜びの瞬間が減っていく。気づくことは何年かであらかたやってしまい、惰性で拡大していく感じになる。そろそろ潮時かな、と思いはじめるわけだ。

僕は2010年に「ラビット」というレンタカー会社を始めた。

パック旅行を利用せずタイに来た日本人は、バスの団体行動なしだから、車であちこち自由に動き回りたい。でも、道や駐車場がわからないし、万一の事故も怖い。そこで僕の会社は、たんなるレンタカーではなく「運転手付きレンタカー」を貸し出した。

人件費が安いタイでは、日本人がふつうにレンタカー代を払う感覚で、運転手がついてくる、というサービスが充分成り立つ。

ちょっと話が脱線するが、タイでは、そこそこお金のある人は運転手付きの車に乗るのが当たり前で、僕もそうしている。車好きだから2〜3年に1回くらい乗り換えて、ＢＭＷやベンツはじめ持っている車は5台くらい。

いま、はまっているのは1960年製のベンツで、これがなかなかいい。六十何年か前に現在の価格で3000万円くらいした車に乗っていたのは、どんな人だろう？——なんて思いながら乗っていると、じつに感慨深いものがある。

これがまた、しょっちゅう壊れて、お守《も》りがたいへんな車なんだ。車は移動する道具だから、いきなりエンジンがかからないと、仕事に遅れるなどして周囲に迷惑がかかる。整備にも時間とお金がかかる。だから、どんなに壊れようが時間とお金を気にしなくてよい人でなければ、60年前の車には乗れない。ヘタすればこれ、フェラーリなんかより、はるかに金持ちの道楽だぞ、と思いながら乗っているところだ。

レンタカー会社に話を戻すと、稼働させたのは最大で車10台・運転手10人ほど。新婚旅行の日本人カップルもお客さんで、非常にウケた。日本でハイヤーを乗り回し放題にしたことはないだろうし、車内で人目をはばからず2人で過ごせたのがよかったのかも。

この会社は、そこそこ儲けたあと、旅行会社「ＢＰツアーズ」と同じ２０１６年に売却した。

ＢＰツアーズの店に近いタニヤ通りでは、レストランもやった。きっかけは、日本からのお客さんに「レストランや居酒屋で食事してから行って、タイの女の子たちと仲よくなれる店、どこかにない？」とよく聞かれたことだ。そこで開店したのが、ダーツやビリヤードなどを楽しめるゲーム・レストラン。２０１２年に始めて２０１５年に売却した。

こんな調子で、タイで僕は、同時に３つか４つくらいの会社を経営してきた。

売ったなかでいちばん長いのは旅行会社の10年。売る相手は、高く買ってくれる人なら誰でもかまわない。タイ人と日本人が半半くらいのはずだろう。

仲介シェアNO.1の不動産会社「ディアライフ」で躍進

２０１２年、僕は「ディアライフ」（dear life）という不動産会社を始めた。

ディアライフの仲介契約数は年間およそ２５００件。毎週平均50件くらいの成約があり、いまも拡大中だ。日本人３人とタイ人12～13人で始めたが、いまでは日本人30人とタイ人

80人が働いている。

仕事でタイに駐在する日本人の「単身赴任・家族連れ」の比率は、全土で7対3くらいだろう。その多くが、ホテルのようなところに住んでいる。

これはビジネスホテルや観光ホテルではなく、「サービスアパート」と呼ばれるキッチンや洗濯機付きのアパートに近いホテル。庭付き一軒家に住む日本人はまずいない。

サービスアパートには、コンパクトな単身者向きも、広い家族向きもある。バンコクの日本人学校は中心地からやや離れた場所にあるから、みなさん中心部に住んで、幼稚園や小中学校に通う子どもがいれば通学バスを利用するのがふつうだ。

サービスアパートのグレードは、それこそピンからキリまで。定年退職した日本人夫婦が家賃月何万円かでロングステイする例もある。家賃5万円か7万円ならば、日本ではアパートの1室かワンルームマンションかという話になるが、物価の安いタイでは、驚くほど広いところに住むことができる。

ちなみに、僕がどんなところに住んでいるかというと、バンコクの麻布十番ともいわれている日本人が比較的多く住んでいるプロンポンにある高級ホテル「スクンピット・ツイ

24」に賃貸で住んでいる。部屋の広さは約100㎡で、家賃は一か月10万バーツ（日本円で約40万円）。東京でこの仕様だとおそらく100万円は下らない物件であろう。

僕たちのディアライフがあつかうのは、サービスアパートを中心に、月家賃10万円以上の物件だけ。家賃月額のメドは日本円にして単身20万円、家族連れ30万円くらい。これは基本的に駐在員の勤める会社が支払う。

タイにおけるディアライフの仲介シェアは全シェアの約40％で、仕事でタイに来て住まいを借りる10人のうち、4〜5人は当社のお客さんだ。タイには、日本人社員がいる不動産会社がほかに20社ほどあり、残り60％のシェアを分けあっている。

成功させたビジネスを手がかりに、関連の深い分野に手を広げていく

旅行会社の売却までの4年間、僕は旅行会社と不動産会社を同時にやっていた。

一方は、海外旅行や団体旅行などで利用する旅行会社の「〇〇ツーリスト」。

他方は、下宿や家を探すとき店先に貼り出した賃貸物件をのぞく街の「××不動産」。

日本では、この2つは似ても似つかないビジネスで、無関係の業種だ、と誰でも思うだ

ろう。では、なぜ僕が、旅行会社から不動産業に出ていったか？

じつは、タイで日本人を相手にするかぎり、旅行業と不動産業はとてもよく似ている。僕が旅行業から不動産業に出ていった、これが最大の理由だ。

そもそも旅行会社で僕たちがタイを訪れる日本人に案内したのは、観光ホテルより短期で宿泊できるサービスアパートが多かった。

旅行業も不動産業も〝売り物〟は同じ。違いはお客さんの滞在が3〜5泊くらいか、最低1年契約で滞在するかという〝滞在期間〟だけだ。ビジネスの基本は変わらず、不動産業は旅行業の延長上というか、すぐ隣にある。だから始めるのに何の迷いもなかった。

旅行業で後発の僕たちは、他社より安い料金を設定してシェアを広げてきた。不動産でも、同じように価格優位性を発揮すれば、必ずうまくいくと思えた。

スモールスタートで起業したら、軌道に乗るまでは1つのビジネスに専念しなければいけないが、やがて、ビジネスをもっと拡大していこうと思う日が来る。

そのときは、経験を積んで、ある程度成功させたビジネスを手がかり足がかりとしてに近くて関連の深い分野に広げていくのが、よいやり方。これも起業のコツである。

旅行会社「ＢＰツアーズ」の店は、タイに来る観光客が必ず通る場所にある。タイの日本人向け旅行窓口というか、日本人がタイに出入りする玄関口を押さえているようなものだ。店に来る日本人のお客さんたちは、ホテル予約や航空券を購入するほかに、携帯電話を借りたい、レンタカーを借りたい、ゲームレストランに行きたい、などと希望する。調べると適当な会社がない。では、その会社を僕がつくろう、とやっていった。

不動産会社ディアライフは、仕事でタイに来て何年か暮らす日本人や家族の窓口だ。お客さんたちの生活に関わるビジネスはさまざまで、レストランでも、子どものサッカースクールでも、ご本人や奥さんが健康のために通う会員制フィットネスジムでもいい。どれも簡単に告知や宣伝ができるし、誘導もしやすい。

こうして自分のビジネスに関連する領域が、どんどん広がっていく。ビジネスのタネやチャンスも同時に広がっていくから、そこに目をつけてやればいい。

10年後も30年後も絶対になくならないビジネス

僕が不動産業に出た理由は、旅行業に似ているほかに、もう1つある。

不動産業は「下見」や「内覧」が付き物だ。いくらAIが進歩してもオンラインの便利な世の中になっても、必ず人が介在しなければならない。だから10年後も30年後も絶対になくならない、**長続きするビジネスだ、**と思った。

お客さんとホテルを直結するオンライン宿泊予約で、途中に介在する旅行業が省かれてしまうという理由で、僕がＢＰツアーズを売却したことを思い出してほしい。

その旅行業とは違い、オンライン化が進んでも省かれようがないから、不動産業に出たわけだ。

タイのホテルを予約する人は、部屋やレストランを現地で確認するわけじゃない。建物や室内の写真を見て、行きたい場所へのアクセス・評判・料金などを調べれば、すぐホテルを予約できる。旅行業には、下見や内覧という手続きはない。

対して不動産業では、1年以上住む家なのだから、誰でもリビング・寝室・キッチン・トイレ・浴室・クローゼットなどを念入りに調べたい。

採光や見晴らしも、周囲の環境も気になる。主婦ならば、キッチンの戸棚を全部開け閉めしてチェックしたいだろう、
だから事前に室内チェックを済ませ、内覧日にお客さんと一緒に行って、鍵を開けたり照明をつけたり、案内しながら営業する人が不可欠だ。

これはロボットやＡＩでは代替できないから、30年後も人が続けているに違いない。

起業を成功させるには、こんな長期的な見通しも必要になってくる。

AI時代に氾濫する新情報に振り回されないために

世の中ではこれまで自動化・ロボット化・IT化・デジタル化などが叫ばれてきたが、最近はAI（人工知能）化や生成AI（新しいコンテンツやメディアを生み出すAI）の話題で持ちきりだ。文章でも写真や映像でも、オリジナルなのか捏造《ねつぞう》なのか、見分けのつかないものを、生成AIがいくらでも吐き出す時代になってきた。

10年前どころか、つい1～2年前にありえなかったことが、たくさん起こっている。

AIに関する情報が氾濫《はんらん》し、AIによって将来こんな仕事が姿を消すなどと議論されている。そういう情報にもちろん目配りすべきだが、同時に、日々新しく積み上がる情報に振り回されない、確固としたものの見方が大切だ。情報を見きわめ、取捨選択したり組み合わせたりして分析し、自分の判断に役立てていく必要がある。

AIというのは、基本的にビッグデータを自分で学習していく。データが英語で発表されたものに偏《かたよ》りすぎれば、AIの見方や考え方が英語圏の文化に偏ってしまう。そこでAIにイスラム世界について聞くと、とんちんかんな回答が返ってくる、ということになりかねない。実際、始まったばかりの生成ＡＩは、そんな穴がとても大きい。

いくらＡＩだサイバー時代だといっても、「やはり、これだけは人間対人間だ。人間同士が対面しなければ絶対うまくいかない」というところは残る。人間というのは〝感情の生き物〟だと僕は思っているが、ＡＩは感情の入るところを処理できない。

生成ＡＩ「ChatGPT」と対話した人が、あまりに間違いが多く「申し訳ありません」と謝ってばかりいるので「あんたはバカなのか？」と聞いた。するとＡＩは「私は感情がないので、バカという言葉には意味がありません」と答えたそうだ。

「このバカッ！」と怒られて意味がわからない機械に、多くのことを任せっきりにするのは、危ないに決まっている。

GAテクノロジーズCEO樋口龍との出会い

２０２２年5月、僕の不動産会社ディアライフは、日本の株式会社ＧＡ technologies と経営統合をした。仕事は基本的に変わらないが、ディアライフはブランド名となって、社名がRENOSY（Thailand）に変わった。この会社をＧＡ technologies（Thailand）が持つかたちにして、タイの2社とも僕が代表取締役ＣＥＯを務める。

同時に僕は日本のGA technologies（以下GAテクノロジーズ）の執行役員になった。

GAテクノロジーズは、13年に樋口龍・代表取締役社長CEOが設立。不動産をはじめさまざまなビジネス領域でDX（＝デジタルトランスフォーメーション。最新デジタル技術を駆使して会社組織・業務・文化などを変革・改善していくこと）を推進する企業だ。

18年には東京証券取引所マザーズ（現グロース）市場に上場している。

同社は、開発・運用する中古不動産の総合プラットフォームRENOSY（以下リノシー）で知られる。ごくわかりやすくいえば、これは、パソコンの前に座ったまま不動産投資の物件選び・購入・管理・運用などが全部できてしまう新しいサービス。投資用中古マンション販売で、リノシーは20年から全国トップを継続中だ。

18年2月のある日、**GAテクノロジーズCEOの樋口龍**が、タイの僕を訪ねてきた（いつも「樋口さん」と呼ぶが、同じ会社の仲間だから、さん付けは略させてもらう）。

日本の不動産業にデジタル技術を持ち込んで急成長した彼は、世界に出て勝負したいと考え、各国の不動産会社をまわっていた。それでタイの僕に連絡をくれたのだ。僕は日本の不動産事情に疎く、彼の名前も会社のこともよく知らなかった。

「僕の夢は、世界でトップ企業になることだ。そのために、まず不動産の分野で世界に出ていきたい。日本ではデジタル技術で中古マンション販売トップを実現したが、僕は世界で戦っていくノウハウがない、だから安藤さん、僕と組まないか」

初対面の僕に、彼はこう話した。樋口という人は、すばらしい人間力の持ち主。アニメ『ワンピース』でいえばルフィ、『キングダム』でいえば秦の始皇帝・嬴政《えいせい》を思わせるような、人を巻き込むのがうまくて、話しているとワクワクする人だった。僕より1つ年下だが、**5年で上場を果たした経営手腕**にも感心するほかない。

そんな彼が、提携話でも、ディアライフをGAテクノロジーズが買収する話でもなく、「執行役員に入って一緒にやらないか」と僕を誘ってくれた。2人は意気投合し、初めて会った日に「細かい話はさておき、一緒にやる方向で進めましょう」となった。

ところがその後、新型コロナの拡大で、日本とタイの行き来すら、ままならなくなってしまった。一緒にやろうという話をようやく実現できたのが22年5月だ。

なぜGAテクノロジーズと手を組んだか

GAテクノロジーズと手を組もうと僕が思ったのは、不動産業界に旋風を巻き起こした同社の最先端デジタル技術、テクノロジーに注目したからである。

「旅行業界×テクノロジー」を見て、僕は旅行会社ＢＰツアーズを手放した。

「携帯×テクノロジー」は携帯電話を、かつてのものとまったく別物にした。

「スマホは『これ、携帯電話ですから』と人びとを騙して普及させた携帯コンピュータ」と言った人がいたが、そのとおり。いまのスマホは、財布・カード・チケット・貯金通帳などの代わりにも、テレビ・ラジオ・音楽再生／録音機・カメラ・ビデオ・カーナビ代わりにもなる。――こんなことは、スマホ以前には誰も想像できなかった。

LINEもそうだ。僕は07年に、タイを訪れた日本人に携帯電話を貸し出し、帰国時に返却してもらう携帯レンタル会社を始めた。

赤字会社を手に入れて黒字化したのだが、みんなLINEで通話をしはじめ、商売そのものが成り立たなくなってやめた。

技術の進歩には、業界を１８０度変え、会社を消滅させてしまうインパクトがある。だから「不動産×テクノロジー」のところを抑えておきたい、と考えたわけだ。

不動産業は、下見や内覧で必ず人が介在すると話したが、ＧＡテクノロジーズのリノシーでは、現実に、人と対面せずに2～３０００万円の投資用中古マンションを売買する人がいる。

居住用では話が違ってくるとしても、不動産の流通で大きな変革が始まったことは間違いない。**GAテクノロジーズを通じて最新技術の知見やノウハウを得れば、タイから世界に出る新しい挑戦ができるかもしれない**、と僕は考えた。

僕がGAテクノロジーズと組むメリットは、もう1つある。タイでの資金調達が以前よりはるかに容易になる。東証グロース上場のGAテクノロジーズは、創業10年でグループ全体の年商が1400億円に近づく成長企業で、資金力も大きい。

そこが一緒にやろうと誘ってくれたのだ。応じない理由は、僕にはなかった。

GAテクノロジーズ不動産部門の日本・海外の比率を僕の手で逆転させる

GAテクノロジーズ執行役員の僕は毎月上旬、役員会に出るために日本とタイを往復している。日本の事業はCEO樋口龍が見て、海外の事業は僕が見るという役割分担だ。

海外事業は、まだ規模が小さい。GAテクノロジーズ不動産部門の「日本・海外」比率は、売上高も社員数も9対1くらい。1のほとんどはタイのディアライフだ。

これを7対3、5対5、4対6……というように逆転させたい、と僕は思っている。

もっといえば、必ず逆転すると確信している。

日本と世界では、日本が1億人で世界数十億人と、マーケットの大きさがケタ違いだから、必然的にそうなるだろう。そうなるのに10年かからない。3年では無理でも、まあ5年くらいか、というイメージだ。富山県内と東京都内で同じビジネスをして売上高が9対1だとする。これを5対5にするのが、そんなに難しいだろうか？　富山は人口100万人、東京は人口1400万人。答えは火を見るより明らかだ、と思っている。

先人たちの例を見れば、セブン‐イレブンは、アメリカで始まったものを「コンビニの父」鈴木敏文さんが日本に持ち込み、おおいに流行らせ大きく育てて、逆にアメリカのセブン‐イレブンを買った。いま鈴木さんはセブン&アイ・ホールディングス会長兼CEOでイトーヨーカ堂会長。鈴木さんのように、タイを拠点にして僕は頑張る。

GAテクノロジーズの海外事業は、日本が親会社でタイが海外子会社のかたちになっている。この親子関係を逆転させるのが僕に課された使命だ、と思う。

もっとも、以上は、僕が勝手にそう思っているだけの話。GAテクノロジーズの事業計画に、5年でこうすると書いてあるわけではない。日本・海外の規模が並ぶのに何年かかると思うか、と樋口CEOに聞いたこともない。

いずれにせよ、GAテクノロジーズの海外事業が本格化するのはこれからだ。狙う地域は、東南アジアで人口の多いインドネシア（2・8億人は世界第4位）やフィリピン（1・2億人）。そして中国とインド。ベトナムは、そもそも共産圏だし、人口6000万と少なく国が南北に分かれている感じもあって、積極的には考えていない。すでに、上海・フィリピン・シンガポールへの進出を検討している。

僕がわくわくしながら新しいチャレンジを続ける日々は、まだまだ続く。

起業を目指す人や、起業して日の浅い人は、GAテクノロジーズと僕の会社の事業統合の話はピンと来ないというか、自分とあまり関係のない話と感じるかもしれない。

でも、**スモールスタートした起業からそれなりの年月がたつと、会社が大きな曲がり角を迎えることがある。会社のある部分を切り離す、弱い部分を補ってくれる誰かと組むといった選択がありうる。**

起業した会社が成長すれば、働く人も、店や工場も、持つお金も大きくなっていく。

そのとき、見えにくいが、大きな財産が手元にあるはずだ。**自分だけのかけがえない**経験・知見・ノウハウなどの蓄積――〝情報〟という名の財産である。

4

「強い思い」を磨く

起業の〝源流〟は子ども時代。
ずっと強く思い続けた

潜在意識を磨き、〝強い思い〟を鍛えていく

第2章では、僕の「人と運との出会い」を軸にガリバー時代を、第3章では、「情報の集め方や生かし方」に力点をおいてタイでの起業を、振り返った。

日本でもタイでも、〝起業〟がつねに僕の頭の中にあった。

そう、僕は大学3年で就職活動をスタートしたときも、就職が内定して無理やりバイトさせてもらったときも、ガリバーで課長・部長と昇進していったときも、「いつか自分は起業するぞ」という〝強い思い〟を抱いていた。

ただし、なぜガリバーに入社したかといえば、「この会社ならば、自分の起業に役立つ知識やノウハウが得られるだろう」と思ったからだ。ただし、「それを得るまでの辛抱だ。もう充分と思った時、すぐ辞める」と考えていた。

ガリバーに入ったのは、羽鳥兼市という人との出会いであり、運だった。

1年や2年で辞めるつもりなどまだなく、営業部長になったときも「あと5年、20代で役員になれたらいいいな」と思った。

九州地区でガリバーをどう盛り上げていくか、タイで旅行会社をどう大きくしていくか

というときにもたえず、次は何をめざそうか、と考え念じていた。

みんな、そうに違いない、と思う。

人は誰でも「自分は、将来こんなふうになりたいな」と思っている。

保育園や幼稚園の卒園式で前に出て「僕は○○になりたいです」「私は○○になりたいです」と叫んだことを、ほとんどの人が覚えていると思う。小学校の卒業アルバムに必ず「将来○○になりたい」と書いたのではないだろうか。サッカー選手とかケーキ屋さんとか、憧れているものや好きなものを書いただけかもしれなかったにせよ、だ。

誰もが何かしらの〝夢〟を抱いている。人や出来事との出会いで、それまでの夢がまったく別の夢に変わることもある。そんな漠然とした思いが、大きくなるにつれてだんだん固まり、強いものになっていく。

その強い思いこそが、人を成功に導いてくれる。それが人生だろう。

人生とは、潜在意識を磨き、強い思いを鍛えていくプロセスのことではないか。

功なり名を遂げた――努力に努力を重ねて成功し、広く名を知られるようになった人というのは、経営者・政治家・学者・スポーツ選手・芸能人――どんな分野の人であれ、例外なく「こうなりたい」「こうしたい」と強く思っていた人だ。

その強い思いがあるから、いまの自分に何が足りないかと真剣に考え、努力してそれを手に入れ、次のステージに上がる。これを繰り返すのが「継続は力なり」。その人には、強い思いを実現する日が訪れる。

過去を振り返れば、僕は「こんなふうになりたいな」という思いが子ども時代からあった。**僕の起業やビジネスの〝源流〟を遡ると、どうやら5〜6歳ころにたどり着く。**

高校のころまでの僕が、どんなことをやって、どんなことを思ったか、話すことにしよう。

両親の超自由放任主義が僕の成功体験につながった

僕は1981（昭和56）年8月10日、神奈川県座間市に生まれた。

うちは自営の内装屋で、内装職人の父を母が手伝っていた。景気のよかったバブル期に内装工を1人か2人頼むかどうかというような〝父ちゃん母ちゃん企業〟だ。2歳下に弟が1人いる。

親父は毎朝、ジーパンにTシャツ姿で仕事に出る。そんな親父を、幼い僕は「なんでうちだけ、薄汚れたふだん着みたいなんだ。かっこ悪いなあ」と見ていた。

友だちの父親など、まわりのおじさんたちが、みんなネクタイを締めスーツ姿で出かけるのが、むちゃくちゃかっこよく見えた。

みんな肩掛け鞄かアタッシュケースのような鞄を持っている。

僕の親父は、ドライバー・カッター・ペンチ・トンカチなどを突っ込んだ作業袋を、腰からぶら下げている。工具も作業袋も「年季が入っている」といえば聞こえがいいけど、ノリやらペンキやらで薄汚れている。

親父という存在は、僕にとって完全に〝反面教師〟。

「あんなふうには、絶対なりたくない」という見本そのものだった。自分は大きくなったら、ネクタイ締めて会社勤めするぞ、といつも思っていた。

いま思い返すと、いくらものの分からない子どもでも、親父をああまで低評価することはなかったんじゃないか、という気もするが。

そんな親父に、いま、僕はとても感謝していることがある。

うちの両親は、僕にも弟にも「ああしろ、こうしろ」と、まったく言わなかった。

自由放任というか〝超放任主義〟。

「勉強しなさい」とも「何かスポーツで、体を鍛えたらどうだ」とも言わない。学校をサボっても、何も言わない。

進学や将来で「どうする?」と聞かれたこともない。僕が「こうするつもりだ」と話したとき「そうか。わかった」と言うだけだ。

父親が子どもに何もいわない家庭では、母親があれこれ心配して子どもとよく話すのがふつうではないかと思うが、うちは両親2人とも自由放任だ。

しかも**両親は、僕が「やりたい」と言ったことを、何でもやらせてくれた。**

たとえば水泳を習いたいと言えばスイミングスクールに、塾に行きたいと言えば塾に、四の五の言わず、自由に行かせてくれた。

スイミングをやれば風邪を引きにくくなるだろうとか、塾通いで成績が上がるのを期待するとかという感じもない。そんなことはどうでもよく、ただ僕がやりたいと言ったからやらせる、という親だった。

「こうしたい」という僕に、両親が「そんなことやって何になるんだ」と否定的なことを言った、または**「いや、ダメだ」と反対したことも、一切記憶にない。**

このことは、僕の〝自己肯定感〟を非常に強くしてくれた、と思う。自己肯定感とは「自分は大丈夫。これでいい。価値がある」という気持ちや感情のことだと思うが、とくに子どもや若い人には、非常に大切な感覚だ。

「自分はダメ人間だ。誰からも必要とされない。居場所がない」は、自己肯定感の真逆。これこそ不登校・無気力・鬱・自殺などにつながってしまう日本社会の大問題の1つだ、と僕は思っている。

もっとも、うちは貧乏とはいわないまでも、けっして裕福な家庭ではなかった。零細企業もいいところだから、やりたいことが全部かなったわけでは全然ない。ほしいものがあっても、僕ら兄弟は何も買ってもらえなかった。

ファミレスでも焼肉屋でも、外食ということを、うちはほとんどしなかった。月曜日に学校へ行くと、みんな「きのうファミレスに行った」みたいな話をよくしていたが、僕は黙って聞いていた。

外食は年に1度あるかないかくらいだった。

超がつく自由放任の両親が、僕にしばしば言った2つの言葉は、よく覚えている。

「あんたの好きなことを大事にしなさい」
「何やるのもやらないのも、あんたの人生だからね」

1つ目が「自分の感性に従って、自分で選んだ好きなことなのだから、ずっと大事にして継続すべきだ」という意味なら、僕の起業やビジネスの進め方と同じだ。

2つ目は、たとえば進む学校を選ぶとき「その学校に行かないと将来困るとあんたが思うなら、行けばいい。困らないと思うなら、行かなくていい」に続けて、「あんたの人生だから」と、くっつくわけだ。**学校でも塾でもスポーツでも全部こういう言い方で、選択は自由。ただし、結果がどうなってもあんたの責任、という雰囲気が、いつも醸し出されていた。**

「私たちは先にあの世に行く。いつまでもあんたの面倒は見ないから、自分のことは自分でやって。自分で責任とって」ということも、よく繰り返していた。

自分から「やりたい」と言い出したことを、そのとおりやらせてもらうと、「これ、お金もかかっているし、ああおもしろかったじゃ、すまないぞ」と考えるようになる。いい加減にやって、興味を失ったから辞める、なんて許されない。「辞めるにしたってある程度、結果を出さなければダメだ」と、僕は子どもながらに思った。

水泳は、幼稚園から小学校までの4〜6歳ころやって、いちばん上の1級を取ってから辞めた。そのあと野球を始めてレギュラーになり、小学校3年まで続けた。小学校2年でサッカーも始めて、やっぱりレギュラーになった。

野球とサッカーを両方やった1年間は、日曜日によく試合がかぶってしまう。「今週はサッカーか？ 野球か？」と監督2人からプレッシャーをかけられ、「いつまで二足のわらじをはくつもりだ」とも迫られた。結局サッカー1本に絞って、中学の部活もサッカー。高校1年までサッカーを続けた。

親が自由にやらせてくれたから、水泳1級や野球とサッカーのレギュラーになれた。これは子ども時代の僕の貴重な〝成功体験〟。「やればできる」という自信になった。

やりたいことをやらせてくれた両親のおかげで、〝自主自立〟の精神が身についた。自由だったからこそ、のちのちのビジネスにつながる経験もできた。

この点では、両親に、いくら感謝しても感謝しきれない。

両親の超放任主義は、いまの僕の子育てにつながっている。

タイで結婚した僕にはタイで生まれ育った息子が2人いるが、彼らが何をしても口出

しせず、やりたいと言い出したことを、自由にやらせている。それが息子たちの成功体験、自信や自主性につながっていけばいい。

いま息子は高校2年と中学2年。妻と3人で、日本で暮らしている。

2人とも「日本の学校に行きたい」と言ったので、僕は「そうすればいい」と言い、家族のうち僕だけがタイに単身赴任するかたちになった。

タイの日本人学校に通っていた息子2人の友だちは、駐在する日本人の子どもたちばかり。

彼らは日本で幼稚園や小学校に通ったことがあるから、「日本なら、こうじゃん」と話す。それが、旅行でしか日本を知らない息子2人にはピンと来ない。だから日本の学校に通いたい、と思うようになったようだ。

息子2人は、まるで性格が違う。

長男は貴重面でまじめだが、次男はガサツなタイプ。長男は親の話をよく聞くが、次男は全然聞かない。

ところが、次男は雨が降ってきたら洗濯物を取り込むなど、性格からは、やりそうになさそうなことを、よくやっている。

おもしろいのは、僕の息子2人が互いに違うように、僕と弟、つまり僕の親父の息子2人も、まるっきり違っていたことだ。

僕は実家から大学に通ったが、僕の弟は金沢に下宿して大学に通った。僕は文系で、弟は理系。

僕はタイに移住して起業したが、弟はふつうのサラリーマンでエンジニア。大学や社会に出てやったことが違うだけではなく、僕と弟は性格もまるっきり違う。

僕と弟も、僕の息子兄弟も、2人ともたぶん大きくは違わない遺伝子を持って生まれ、同じ両親の自由放任主義という環境で育ち、同じ家に住んで同じ体験をしたのに、性格や人間性が大きく違う。

環境や体験は似ていても、そこから自分なりに汲み取ったことで自己形成をしていったら、まるで似てない2人になった。

ということは、親の影響力なんてタカが知れていて、親子が一緒に暮らしても別々に暮らしても、子どもは、なるようにしかならない。ならば自由放任という子育て法は、理屈にあった合理的なやり方と思える。

余計な口出しはムダ。求められなければアドバイスしない

これは僕の子どもにも、うちの若い社員に対してもそうなのだが、僕は、彼らがアドバイスを求めてきたとき以外は、気づいたことがあってもアドバイスしない。

アドバイスを受ける側は、水を吸収するスポンジみたいなものだ、と僕は思う。

アドバイスを求める側は、「ここがわからないから意見がほしい」「自分の手に入らないこんな情報がほしい」と思ってアドバイスを聞くから、しっかりとインプットされる。

つまり、その人のスポンジが乾いているから、水をどんどん吸収するように、アドバイスが身に入る。

ところが、その人のスポンジがたっぷり水を含んでいると、こちらがどんなアドバイスをしても何も吸収できない。アドバイスをする側は、何も言わなかったのと同じだから、非生産的でムダだ。

親や上司は、子どもや社員のことが心配でも、すぐに「こうしたら」とは、言わないほうがいい。親は子の、上司は社員のスポンジを乾かして、アドバイスを求めてくる状態をつくらなければいけない。

スポンジは、その人に「こうするぞ」という思いがあって、結果を求めて自分で動き、さざまな試行を繰り返せば、必然的に乾いていくものだ。逆に、自分で考えて動かないかぎり、スポンジはぐっしょり濡れたままだ。

「やってみなはれ。やらなわからしまへんで」は、サントリー創業者・鳥井信治郎さんの口癖で、2代目の佐治敬三社長も「やってみなはれ、やらせてみなはれ」と言った。パナソニック創業者・松下幸之助さんも、同じことをよく言ったそうだ。

そのとおりで、自分でやってみればスポンジは勝手に乾く。その人がやってみることができる環境を、何も言わずに整えておくのが、親や上司のやるべきことだろう。

「こうするぞ」という思いには、持って生まれ自分で育てた個性が反映されているはずだから、僕はそこは最大限に尊重する。

やっぱり人は、好きなことと嫌いなことがあれば好きなほうを選ぶし、自分が嬉しいことはやっても怒られそうなことはやらない。

人と接するとき、僕は、そんなごく当たり前のことを念頭に置いているつもりだ。相手が身内でも社員や取引先の人でも、どんなときも、〝人間学〟のような視点を忘れないように心がけている。

子どものころ1番になれなかったから、1番にこだわる！

子どものとき水泳や野球やサッカーに親しんだ僕は、いまも、体を動かすことやスポーツが大好き。もちろん現役ムエタイ選手でいることも、その1つだ。

ただ、悔しいことに、あんなにサッカーをやれば駆けっこで1番になれそうに思うのだが、子どものころの足の速さは、自分でも意外なほど〝ふつう〟だった。サッカーのうまさも、うまいほうだったが、1番ではなかった。

成績も1番を獲得した記憶があまりない。本も読まなかった。しいていえば得意科目は社会科。うちのトイレには、なぜか世界地図がドーンと貼ってあった。否が応でも目に入るから眺めて、「日本ってすごく小さい島国なんだ」「世界ってこんなにいっぱい国があるのか。見てみたいな」などと思い、地理を調べたりしたものだ。

小学3年のとき、扁桃腺手術で1か月ほど学校を休んだことがある。すぐ腫れて発熱してぐったりすることの繰り返しだったから、僕は自分から「手術を受けたい」と親に願い出た。せっかちだから、さっさとスッキリしたい、と思ったのだ。手術や入院を経験してみたいという好奇心があったことも、なんとなく覚えている。

そのころクラスで百人一首の暗記競争をやっていた。誰がもう55首、誰はまだ30首と競うなか、僕は入院前に進捗率がトップだった。ところが、1か月休んで戻ってきたら、みんなより大幅に遅れてしまい「入院しなきゃよかった」と思った。

もう何人かが100首を覚え終わっていたから、僕はヤル気を完全に失った。1番ならいいけど、そうじゃなければつまらない。

僕は、いまはビジネスでもムエタイでも何でも「1番になりたい」という思いが強い。

会社は業界トップを取って、なお拡大を目指して経営する。ムエタイでもチャンピオンベルトを何本も取りたい。**1番へのこだわりが強いのだ。**これは、子どものころ、あまり1番を取れなかったことの反動かも、と思うときがある。

「社長って、お金持っててすごい」叔父さんこそが僕のビジネスの〝原点〟

母の体が弱かったので、僕は小学校に行く前くらいまで、茅ヶ崎《ちがさき》のおじさん（母の妹の夫）の家によく預けられた。九つ上のお兄さんと七つ上のお姉さんのいとこが、よく遊んでくれた。母親の体調が戻っても、夏休みや春休み、ずっと親戚のおじさんの家にいたのは、楽しくて僕が泊まりたがったのだろう。

このおじさんは、カー用品店などから出るタイヤなどの中間処理をする産業廃棄物処理工場を経営していた。工場はいまも稼働している。僕は工場で遊び、廃タイヤに囲まれて大きくなった。

僕は5～6歳ころから、おじさんの工場で働いた。この産廃工場は、僕が人生で最初に出会ったビジネスの現場だ。

おじさんの工場こそが、僕のビジネスの〝原点〟であり〝源流〟だったのである。

工場には、流れているベルトコンベアにタイヤを載せると、先のほうで細かいチップに裁断する機械があった。タイヤを載せれば流れていく単純な作業だから、僕はおじさんに「これ、やらせて」と言った。おじさんは、同じ作業をする大人がそばについているから大丈夫、と思ったのだろう。「いいよ、やってみな」と言ってくれた。

ホイールをはずした廃タイヤは、重いが、子どもでもなんとか持てる。ただ、どんどん流れていくから、手でも挟めばたいへんな事故になりかねない。いまの僕なら、危険だから自分の子には絶対やらせられない。よくケガしなかったなあ、といま思い出してもヒヤヒヤする。

工場には同じ機械が何台かあり、大人の作業員たちが今日は何百本処理した、と書き込むホワイトボードが掲げてあった。僕は「今日は○○さんよりたくさんタイヤ切ったよ」と頑張った。点数ゲームみたいな感じも、あったかもしれない。

工場で働くと1日200円もらった。僕が「200円ちょうだい」と言ったのか、おじさんが「200円ね」と言ったのか、いまとなってはわからない。

当時の200円が僕にとってめちゃくちゃ大金だったことは間違いなく、安いとは全然思わなかった。いま考えると、1日200円はちょっと少なすぎるようだが、おじさんは小さな子に毎日1000円なんて渡すのはよくない、と考えたのかも。

1日200円でも、夏休みには5000~6000円くらい貯まった。

小学校前の子どもにとっては、ほしいものがほとんど何でも買える大金だ。

僕は本当に夏休みが楽しみで、あと1週間したらおじさんのところに行ける、あと3日したら行ける、と気がせいてならなかった。

何千円かで僕が買ったものは、個別にはあまり覚えていないが、おもちゃ、ファミコンのゲームソフト、ボールなど。

うちの親は、やりたいことは何でもやらせてくれたが、とにかく物を買ってくれなかったから、この〝アルバイト〟というか〝ビジネス〟は、ものすごくうれしかった。

自分で働いてお金を貯め、好きなものを買う楽しさや喜びを、僕はこの工場で知り、習慣として身につけていったと思う。こんな大きな機械で作業したことのある子なんて絶対いない。みんなお小遣いは肩叩きで100円もらうとか、正月にお年玉をもらうくらいが関の山。でも僕は稼いでいる。大人っぽいことをしているのが、とても嬉しかった。

工場内の仕事の雰囲気、「これ、どうやったらうまくいくんだ」と大人たちが喧々諤々《けんけんがくがく》話している姿などの記憶が、いまも鮮明に残っている。仕事がどんどん増えていき、小さい工場がしだいに大きくなっていく様子も、かっこいいなと見とれていた。

1980年代半ばは、日本が世界1の債権大国になったといわれ、90年代初頭のバブルに向けて経済がどんどん膨張し、非常に景気がよかった時代。

おじさんの工場も景気がよく、がんがん儲かっていて、おじさんは毎年のように高級車を買っていた。おじさんも働いている人たちもみんな車好きだったから、それで僕も車好きになったと思う。

僕の親父は、乗用車には興味なし。家族で出かけても、毎日仕事で乗っているバン。うちで車を買った記憶は2回しかない。同じ車に必ず10年以上乗っていたわけだ。

ところが、おじさんは、仕事で使う車のほかに、トヨタのクラウンに乗っていた。世界のトヨタが89（平成元）年、これまでいちばんいい車だったクラウンの上をいく最高級車セルシオを出したときも、おじさんはいち早く手に入れた。

「こんないい車にしょっちゅう乗れるんだ。社長ってすごいな。僕も絶対乗ってみせる」と、**大人になってセルシオに乗る自分を想像した。その強い思いは高校生になっても大学生になっても続いた。**のちに、僕は大学1年のときセルシオを買うのだが、おじさんのセルシオに大きく影響されていたことは間違いない。

たまに、おじさんとうちの2家族で旅行にいき、箱根あたりのホテルに泊まると、おばさんが100円玉で一杯にしたビニール袋を渡してくれて、「ゲームセンターで遊んでおいで」と言う。これは工場にあった飲み物の自動販売機に貯まった100円玉。

うちの兄弟がゲームセンターに連れていってもらうことなんてまずないから、「お金持ちってすごいな」と思った。

おじさんの工場での小遣い稼ぎは、小学校2～3年ころまでやったと思う。いつだったか、「中学を出たらここで働くよ」とおじさんに口走った記憶もある。

おじさんは中卒で、魚の行商みたいな仕事をしたあと、産廃会社を興して成功し、工場を広げていった。そんな姿に僕は憧れていた。

おじさんの工場は、僕にとって非常に大きな存在だった。しかし、サッカーが楽しくてたまらなくなった小学3年生くらいから、工場には行かなくなった。

18歳、パチスロ攻略法で友達を動員、稼ぎまくった

高校時代、僕はパチスロで儲けた。

日本でパチスロ（パチンコ型スロットマシン）が始まったのは85年だそうだ。

パチンコ店がホールの一角にパチスロコーナーをつくり、パチンコの玉に当たるメダルを1000円で何枚というように貸し出す。メダルがなくなれば負け。たくさん出て勝てば、客はメダルを景品に換え、景品を店のそばの交換所で現金化する（店が玉やメダルと

交換で客に直接お金を渡すことは違法)。

このパチスロで友だちが稼いでいた。それで、どんなものなのかのぞいてみようと初めてパチンコ店に入ったのが、たしか高校1年のときだ。パチンコやパチスロは客の射幸心をそそる「風俗営業」の1つとされ、18歳未満の入店は風営法が禁じている。だから、よく追い出された。

このころは本格的にやったわけではなく、何千円か負けてしまったという経験もない。

友だちが儲けているのを見て、**僕が自分なりのやり方を工夫してパチスロを始めたのは高3のときだ。18歳になれば年齢制限にも引っかからない。**

99年前後は、パチスロでめちゃくちゃ勝てる時代だった。

パチンコでは、釘師と呼ばれる人が台を調整する。「甘釘」なんて言葉もあって、よく玉が出る当たり台を何台も仕込んでおく。その台で打って勝ち、煙草を何カートンも持ち帰るようなお客さんが目立って増えれば、我も我もと人が集まって、店が繁盛する。

だから、「当たり台はこれ」と店員が耳打ちしたり、台にそれとわかる印がついていたりする。パチンコを生業《なりわい》とするパチプロもいて、パチプロ集団「梁山泊」がメディアで話題になっていた。

パチスロには釘師はいない。内部の設定を変えることで当たり台にするから、どれがそうかは外から見てもわからない。でも、「これ、設定の台ですよ」などとささやいてくれる店員がいる。新機種が出るたびにパチスロ攻略法を特集する雑誌が出るから、ちょっと研究すれば、パチスロに勝つ方法は誰でもわかった。

現在は、パチンコもパチスロも、当たり台を教えることは禁止されている。しかし、当時のパチンコやパチスロは、開店前から当たり台がわかった。ならば朝早くから、いや、深夜から店の前に並べばよい。

パチスロで稼ぐ僕の友だちは、自分で店に並び、自分1人でやっていた。

それを見て**僕は、友だち何人かに頼んでやった。誰でもわかる攻略法を使うのは同じだが、何人か動員して組織的にやった点が、決定的に違っていた。**

動員した友だちに僕が頼んだのは、①パチスロの店に徹夜で並んでもらい、早い順番を取る。②その順番で店に入って当たり台を押さえ、開店から閉店までパチスロをやってもらう。——の2つ。

①は、たとえば前日の深夜から10時間、並んでもらう必要がある。②は14時間（開店9時〜閉店23時）打ってもらう必要がある。①と②を同じ人にやってもらうのは無理。だから、並んで当たり台を確保する人と、当たり台で実際に売つ人を分けた。

1人でやるよりは、5人でやったほうが、パチスロの稼ぎは必ず多くなる。

同じ当たり台ならば、終日5台を打てば、1台で打つときの5倍稼げる計算だが、現実には3倍しか稼げないこともある。また、間違いなく当たり台ではないと思われる台で、大勝ちすることもある。だから運というか不確定なところはあるが、トータルで見れば、**1人より5人、5人より10人でやったほうが、必ず大きく勝つことができる。**

そこで、1人1日10時間のバイト代を3万円に決めた。僕が高校生になって最初にアルバイトをしたのは神奈川県のハンバーガーショップだが、バイト代は時給620円。1日目一杯働いて5000円くらいになった。当時1日1万円なら、ものすごく高いバイト代で、そんな仕事は滅多にない。そういう時代に、僕は1日3万円を支払った。

一緒にやってくれるアルバイトは、幼なじみや中高の友だちたちだ。そのうち彼らが、僕の知らない自分の友だちを呼んできて、組織がふくらんでいった。

組織をふくらませ、いちばん稼いだ月は300〜400万円

当たり台で10時間スロットをやり続けると、平均で10万円くらい稼げる。1日が終わると、バイトに3万円を渡して、僕が7万円を受け取る。

もちろん、当たり台でやったのに、いくら続けてもプラスにならない日もある。たとえば3万円のマイナスが出たら、僕はバイト代3万円以外に、その3万円を負担する。

勝っても負けても3万円を必ず受け取れるバイトに、リスクはない。

1日並ぶ人5人・打つ人5人の10人でやったとすると、バイト代30万円、5人の稼ぎ50万円、僕の儲け20万円。日によってかなり変動しても、15日やればトータル300万円。20日で400万円となる。

実際、もっともうまくいった月で、僕は300〜400万円くらい稼いだ。

そのうち、バイトたちは、自分の取り分が1日3万円なのに、安藤は20〜30万円儲けるのか、というところに不満を感じはじめた、とわかった。

彼らあってのやり方だから、モチベーションが下がってしまったら大問題だ。

そこで**僕は、ボーナスや、ビジネスでいうインセンティブのようなお金を、彼らに支払**

うことにした。

高校生の僕は、もちろんボーナスは毎月の固定給以外の賞与とわかっていたが、「インセンティブ」（目標達成時に社員に払う報奨金などの刺激策）という言葉をまだ知らない。親には「俺、こういうことを始めたよ」「あなたの年でやっていいの？」「うん、18歳だから大丈夫」「あ、そう」――と話しておしまい。

うちの親は、それ以上追求してくることはないし、反対も禁止もしないとわかっているから、僕も弟も何でもオープンに話していた。

最初にバイトを頼んだ友だちは幼稚園や小学校ころからの幼なじみで、親は顔見知り。うちに遊びに来た彼らと話しても「こんなことをやってる。法に触れるような問題じゃないですよ」と説明するから、両親も納得していた。

雑誌などで公開されたパチスロ攻略法を研究し、当たり台を教えてくれる店で、アルバイトを使って遊ぶことには、何の問題もない。パチスロ台に電子装置を当てて情報を読み取ったり書き換えたりすれば犯罪だが、稼ぐのに違法行為なんて必要ない。

パチスロで僕が借金をかかえてしまったなんて話になれば心配しただろうが、そんなことは一切なく、お金が貯まっていくだけだから、誰からも文句は言われなかった。

高校生で起業に目覚め、起業への〝強い思い〟が固まった

パチスロで僕は、会社を興したわけではない。

パチスロで貯金がたまったが、身分というか本業は高校生だから、パチスロで暮らしていたわけでもない。

でも、僕がやっていたことは、〝起業みたいなこと〟、または経営やビジネスのようなことだった。

〝事実上の起業〟と見る人もいるかもしれない。

「経営」とは、事業目的を達成するため組織をつくり、継続的・計画的に意思決定をして実行し、事業を管理・遂行することで、つくる組織によって「店を経営する」「会社を経営する」などという。つくった組織が成果を達成するように管理していくことが「マネジメント」(経営管理)だ。——と、教科書に書いてある。

僕は、パチスロで稼ぐという目的で、友だちを頼んでごく緩やかな組織をつくり、どうやるかという計画を立て、それを工夫しながら実行し、管理していた。

だから、経営やマネジメントにごく近いことをやっていたのは事実。違うのは、ごく緩

やかな組織でやり、会社などを立ち上げて登録したりはしなかった、という点だけだ。

もちろんこれは、いま振り返ればそうだった、という話である。

当時は、経営やマネジメントなどまったく意識していない。ただ、パチスロで稼ぐにはどうすればいいのかなと考え、自分なりのやり方を工夫し、そのとおりやっただけだ。

この〝起業みたいなこと〟が、僕は、おもしろくてたまらなかった。

高校生のころ、僕は起業に目覚めた。このころ起業への〝強い思い〟がはっきり固まってきた、といえるだろう。

僕の潜在意識にあった、おじさんの工場で知った稼ぐ喜びが、強い思いへと、ますます鍛えられていったのだ、

潜在意識によって大学1年で超高級車セルシオを手に入れた

子どものころから車が大好きだった僕は、高校3年生の8月に車の免許を取った。

そして、パチスロで貯めたお金で、最初の大きな買い物をした。**おじさんが乗っていた憧れのトヨタの最高級車セルシオ**である。いちばん安いモデルで650万円くらい、高い

もので900〜1000万円くらいしたと思う。

18歳だった僕は、さっそく車屋さんに行き、「すみません、セルシオのカタログください」と言った。


店は、うるさそうな若いヤツが来たぞ、車に興味があるようだが、こんなの相手にしているヒマはない、とでも思ったのだろう。「しっしっ」とは言わないまでも、僕を追い返そうとした。こんなやりとりを覚えている。

「カタログなんて持っていってどうすんだ。さっさと帰りな」

「いや、違う。セルシオを買いにきたんです」

「親御さん、金持ちなの?」

「いや、全然金持ちじゃないですよ。親のカネじゃなくて自分のカネで買うんです」

「仕事は、何をやってるの?」

「学生です」

「学生じゃローンが通らないよ。やっぱり帰りなさい」

こう言われて僕が返した言葉が、こうだ。

「セルシオ買うのに、ローンを組む人なんて、いるんですか？」

セルシオは、お金持ちが買う車。ふつうはキャッシュ――現金一括払いじゃないの、と逆に質問した。これ、我ながらなかなかの〝名言〟だった、と思っている。

続けて「もちろん僕は、キャッシュで買いますよ」と言い、後日、銀行から下ろした現金650万円を持っていって、セルシオを買った。

僕の内なるパワーが、潜在意識を動かし、子どもの頃の自分の望みを叶えてくれた。

両親はさすがに呆れていたが、やっぱり何も言わなかった。

予想されることを全部受け止めて前に進むことが、成功への第一歩

子ども時代に始まって高校・大学時代、ガリバー時代、タイに移住してから今日に至る僕の起業人生の話は、ひとまずここで終わろう。

そこで、起業を目指し成功を願う人たちに、次のことを考えてほしい。

あなたが成功するために、もっとも重要な最初の一歩は、あなたがそれを〝強く思う〟

ことである。

何らかの分野で成功したいなら、「自分は○○で絶対に成功したい」と強く思い、覚悟を決めなければいけない。

覚悟というのは、もとは仏教用語で「迷いから脱して真理を悟ること」だそうだ。**僕に言わせれば「覚悟する」とは、「こうする。こうなる」と強く思うこと。**

同時に、これから苦しいこと、難しいこと、自分に不利なことなど、さまざまな問題が待ち構えているはずだが、それらを「全部受けとめて前に進むぞ」と、心をしっかり定めることだ。

たとえば「朝まで寝ないで、このテレビを見るぞ！」というときは、覚悟する必要などまったくない。午前3時に寝込んでしまい、そこからすべて見逃したところで、深刻な問題は何も起こらないから。

でも、飛行士リンドバーグがニューヨークからパリへ「寝ないで飛行機を飛ばすぞ！」というときは、覚悟しなければダメなのだ。寝込んだら、墜落して死んでしまうに違いないからだ。

彼は33時間半、うとうとした瞬間はあっただろうが、寝込むことなく5810キロを1

人で飛び続け、大西洋単独無着陸飛行に成功した。1927年のことだ。

「自分は○○で絶対に成功したい」という覚悟も、同じだ。

成功したいと願い、スモールスタートで起業をした会社を、告知や集客の苦労、人を雇う難しさ、社員や取引先などとのトラブル、資金調達の困難、同業者の妨害などが待ち構えているのは当たり前。

それらをすべて受けとめて、絶対に乗り越える心構えをする。これが〝強く思う〟ことだと思う。

僕が知る起業家たちや、先輩の経営者たちを見ると、彼らは例外なく、「自分は、いま考えている世界をつくることができる。絶対にうまくいく」と確信している。

成功したいと何年頑張ってもうまくいかない人は、「成功したい」という思いが弱いのだ。思いをもっと強いものに変えなければいけない。

「頑張っているけど、うまくいかない。安藤さんは、なぜ成功できたのですか？　私とどこが違うんでしょう？」と僕に聞く人が多い。僕の答えは、いつも決まっている。

「成功したいと思う僕の思いが、たぶん、あなたよりずっと強いんですよ」

「思う」ことには、お金も技術も何もいらない。ただ強く「思う」だけだ。

強く思えば、行動が変わる。行動が変われば、結果が変わる。「思い→行動→結果」という道筋と順序は、いわば絶対的な真理で、誰にも覆《くつがえ》すことができない。

①思い→②行動→③結果を、逆の方向から振り返ってみれば、よくわかる。

③の結果が思いどおりにならず、悪い結果しか出ないなら、手前の行動がダメなのだ。結果が出なければ、勇気を持って柔軟に行動を変えなければいけない。

②の行動を決めるのは、もちろん①の強い思い以外に、ありえない。必要な行動を徹底できないのは、①の思いが弱いか、ズレるかしているからだ。

強い思いを実現していく方法は、不言実行より有言実行

強い思いや覚悟を実現していくとてもよい方法、と僕が思っているのは「有言実行」というやり方だ。

覚悟を決めたら、「○○で絶対成功する！」と大書して、家中ベタベタ貼ってもいい。家族や友人知人たちに「絶対成功するぞ！」と折に触れて話してもいい。年賀状に書いて毎年伝えてもいい。ブログやFacebookやX（旧Twitter）でみんなに宣言してもいい。

こういう「有言実行」のやり方は、ものすごく正しい。

周囲の多くの目を、自分を追い込むためのパワーに変えることができるから、不言実行よりもはるかに有効だと思う。

僕は会社で、期限を切って、契約件数が何件、売上高がいくらと、具体的な目標を立てて、それを社員にしっかりと伝える。紙に書いて部屋に貼ったりする。有言の内容を目に入るようにしておくわけだ。

反対に「不言実行」って言葉があるけど、この言葉、僕はあんまり好きじゃない。「不言実行、かっこいい」みたいに感じる人が多いかもしれないが、話は逆だ。もともと言わないいんだから、何も実行しなくても失敗しても、誰にもわからず批判もされない。でも、公言した以上は、実行しなければ「なんでやらないいんだ？」と言われるし、失敗したら「やっぱり大言壮語だったか」なんて言われてしまう。

だから、**同じことを実行しても、不言実行より有言実行のほうが、はるかに強い覚悟が必要だ。**

いま、世界中でテレビ離れや古いマスメディアの凋落が叫ばれている。米『ニューヨーク・タイムズ』は23年9月、有料読者の総数が1008万人の大台に達した。ところが、なんと941万人が電子版などを読んで、紙の新聞を読まない読者。20年後にうちが新聞紙の印刷を続けていたら驚きだ、と同社CEOが公言している。

僕も『令和の虎』などのYouTubeや、X（旧Twitter）に代表されるSNSなどのネット重視。僕の有言実行の有言を見ていただく重要な場がネットだ、と思っている。僕の有言のいくつかを、次の章で紹介したい。

成功で手に入るものは、お金・地位・名誉の3つだ

僕は、幼いころおじさんの工場で稼ぐ喜びや、お金のありがたさを知り、高校時代に大金を稼ぎ、ガリバーをへてタイに移って起業を重ねた。

この経験から僕は、覚悟を決めて成功したとき手に入るものは、「お金」「地位」「名誉」の3つだ、と思っている。

このうちお金は、僕が高校生のとき、同い年で持っている人はまずいないだろうと思うくらいの額を手に入れたが、もちろん地位もなければ名誉もなかった。

社長という地位は、起業して会社を設立した瞬間に手に入る。でも、社員1～2人の駆け出し会社なら、まだすばらしい新サービスを世に出して認められた名誉もないし、お金もあまりないだろう。社長の地位といっても、社長の名刺を刷って持っているだけかも。でも、頑張って続ければ、大金も、名実ともなう地位も、誰もが認める名誉も手に入るかもしれない。

選挙に通れば一定の地位を得る政治家は、地方から国政へ移りやがて大臣になるというように地位を高めていくが、あまり大儲けはできなさそうだ。学者には研究に大成功して名誉を得たり、企業と組んでベンチャー企業を立ち上げてお金を得たりする人がいる。

誰でも設立できる会社は、商行為または営利を目的とする組織。平たくいえば商売やお金儲けのための組織だから、とくにお金を手に入れやすい。

僕の会社に「私はお金はいりません」という社員がいる。「じゃあ何がほしいの？」と聞くと、「大きな仕事を動かす部長になりたい」とか「新しいサービスを始めて、おかげで世の中が断然よくなったといわれたい」とか、さまざまな答えが返ってくる。

前者は部長という地位が、後者は社会に貢献して名誉がほしいわけだ。

お金・地位・名誉の3つのうち、当面どれがほしいのかによって、自分の戦略や動き方は大きく変わってくる。

なぜこんな話をするかといえば、僕のまわりには「自分はなんとしても成功したい」という若者がたくさんいる。ところが、彼らの話を聞いていると、何をもって成功と思っているのか漠然としていて、具体性に欠ける場合が多いからだ。

成功とは何か、具体的にイメージできていなければ、成功するのに何が必要なのかわからない。

それで「成功したい」と言い続けても、何をやってもうまくいくはずがない。

成功して手に入るものが具体的にイメージできていれば、自分が何を目指すべきかわかり、必要な動き方も定まってくる。

自分をよく見つめて、ほしいものをじっくり考えるといい。

お金は、自分の思いを実現するツールの1つで、とても大切なもの

「お金とは、自分でこうしたいと思うことを実現するための、非常に有効なツールの1つ

だ」とも、僕は思う。

お金は「目的」ではなく「手段」といってても同じことだ。目的と手段を混同している人が世の中とても多いが、ここを間違えてはいけない。重要なのは目的のほう、あなたがこうしたいと思うことのほうだ。お金はそれを実現する手段やツールにすぎない。

とはいえ、自分の願いをかなえてくれるお金は、誰にとってもありがたいもの。ほしくない人はいないし、なるべく金持ちになりたいと誰でも思うのも当たり前だ。

お金と交換できる、もっとも価値のあるものは「時間」だ、と僕は思っている。ビジネスでもプライベートでも、時間を買うという発想でお金を使うことがとても多い。

世の中というのは、お金とモノやサービスの等価交換で回っている。

ほんのわずかなカネで広大な土地が手に入るとか、逆に、とんでもない大金を払った車がまったく使い物にならないとかいうことは、詐欺以外には考えにくい。

多くのモノの価格は、多くの人びとが認める価値相応のものになっている。

そうなっているところ、同じジャンルのほかのモノと同じ価格なのに、あるモノだけが、ほかより使いやすくて便利、なかなか壊れない、圧倒的にかっこいい、といった価値を持っていれば、誰でもみんなそれを買う。モノがサービスでも話は同じだ。

だから、**お金を稼ぎたい人は、自分にお金を払ってくれる人に対して、モノやサービスを通じて自分がどんな価値を提供できるか、にとことんこだわらなければいけない。**

自分自身のどんな部分が高値でお金と交換できるのか、見極めていく必要がある。

「好きこそ物の上手なれ」という。本当にそのとおりだ。何をするにも「好きであること」がいちばん大切だ。好きだからこそ、覚悟が決まって動かない。

嫌なことは、とことん頑張れないが、好きなことは、いくら続けても苦にならない。

同じ作業を8時間続けたら、好きなことは1時間くらいにしか感じないのに、嫌なことは30時間か50時間くらいに感じる。体の疲れ方も精神的なストレスも、技術やコツを習得するペースも、まったく違う。

この違いを何年も続けたら、どうだろう？　好きなことをやり続けた人が、嫌なことを続けた人より10年か20年長生きしたって、何の不思議もなさそうだ。

歌うのが上手な人なら歌って、絵を描くのが上手な人なら絵を描いて、お金を稼いでいけばいい。

起業するとき僕は、どんな人がどんなことで困ったり不便を感じたりしているか、社会や人びとの様子をいつも観察していた。

それであるビジネスにたどりつくと、サービスを買ってくれるお客さんにどんなメリットがあるか——価格が安いか、内容がよいか、いち早く手に入るか、次も頼みたいと思う満足感が残るか、などを念入りに考える。——こういうことが自分は大好きで、得意でもあったと思う。

そのとき、「このサービスが7000円なら俺、絶対に買うぞ」「でも、1万円近ければ俺は手を出さないいな」というように、サービス内容と価格を、自分に引き寄せて強く意識する。

もちろん世の中のマーケットやニーズにも目配りするが、自分自身を基準にして、あくまで「自分ならば買う」という点にこだわる。

逆に、僕が「自分なら絶対に申し込まない」と思うサービスや、「ちっともおいしくない」と思う食品を、僕が仕入れたり売ったりすることはない。

こうして僕は、好きなことと稼ぐことを一致させて生き、それなりに成功することができ

きた。幸せで運がよかったな、と思っている。

「成功する人・成功しない人」の違いは、ほんのわずかの差なんだ

ここで、誰もが願う「成功」を、みんなよく知っているプロ野球に例えてみる。

成功したバッターとは、10打席で平均3本以上のヒットを何年も打ち続けた選手だ。10打席でヒット1本以下なら、投手でなければクビ。平均2本なら、バッティング以外によほど光るものがないと厳しい。平均2・5本で打率2割5分が、ふつうの選手である。

何が言いたいかというと、成功したバッターとそうでないバッターは、10打席あたりのヒット数で0・5〜1本の差しかない。並みの選手と比べて、10打席で0・5本多く打つだけで、名球会入りする3割打者になれるわけだ。

調べたら、4000打席以上のプロ野球選手で通算打率トップ3は、リー3割2分、若松勉3割1918分、張本勲3割1915分の3人。ともに1980年代までの選手で、プロ野球の歴史上通算打率3割を超えた選手は、たった25人しかいなかった。

こんな微妙な差をめぐって選手たちがせめぎ合っていたことに、改めて驚かされる。

そのなかで、ほんの一握りの選手だけが歴史に残り、多くの選手は忘れ去られていく。ごく微妙な差しかないなか、プロ野球で多くのライバルを引き離す方法は、「これだけやれば楽勝」なんて簡単なものではありえない。まさに「心・技・体」すべてにわたって、血のにじむような努力を続けていく必要があるに違いない。

でも、逆に考えれば、「俺は2割しか打てない。ダメだ」と思う選手だって、10打数2安打なのだから、10打数3安打の選手とほとんど変わらない、といえる。

その人が本質的に全然ダメ、なんてことはない。あとちょっとのところ、10のうち1を変えるだけで、世界がガラッと一変することだってあるはずだ。

こう考えて、10のうち1にも思えないような細かい行動を変えていく努力を、けっこう僕は続けているつもりだ。結果よければすべてよし、なのではなくて、プロセスも重視すると話したことを思い出してほしい。

小さいことでもバカにせず、細かいことにこだわって変える。その積み重ねで、10打席でヒット2本か3本かが、決まるかもしれないのだから。

若いあなたは、自分と僕を比べて、「ものすごく大きな差がある。安藤ってのはすごく遠

い存在だ」と思っているかもしれない。でも、ほんのわずかな差しかないんだ。たまたま僕は3割打者かもしれないが、あなただって2割バッター、あるいは2割5分バッター。あなたと僕は、たいしてかけ離れてない。だから、あなたも成功できる。

ちょっとの差を縮め、運とお金をつかんで成功するためには、どうすればよいか?

間違いなく有効な方法の1つは、成功した先人たちに学ぶことだ。

「運とお金をつかんで成功するぞ!」と覚悟を決めて、実際に成功した人は、日本や世界のあちこちに、1000年、2000年前から、数え切れないほどいた。

多くの先人たちが「いったいどうやれば、自分は成功できるんだろう?」とさんざん考え、自分なりの方法を思いついては、やってみた。うまくいかなければ改善したり、また別の方法を試したりということを、悩み苦しみながら続けてきた。

その人が商売で大成功を収めたら、そのやり方や考え方を引き継ぐ弟子たちが現れ、それがまた学ばれ引き継がれて……と、裾野《すその》が広がっていく。

メディアらしきメディアがない昔でも、成功者が日記や手紙を書く、家業を継ぐ子孫のために指南書や家訓を残す、弟子が記録を書き記すなどして、その人のやり方が後世に伝わる。新聞が始まった時代には、新聞記者が聞き書きして広める。
こうして現在では、先人たちが考えつくした戦い方・解決法・成功の仕方が、すべて言語化されている、と僕は思う。

つくづく感心するのは、時代時代の成功者たちの考え方や行動が、何百年かあとの現在でも、そのままそっくり通用することだ。

たとえば、近江商人の「三方よし」。「売り手よし、買い手よし、世間よし」が商売の道で、これで商売はうまくいく、という教えである。

近江商人は、交通の要衝であるいまの滋賀県を拠点として各地へ行商して歩き、財を築いた商人たち。江戸時代に江戸・大坂・京都をはじめ各地に店を構えて活躍した。
江戸時代末に生まれ、丸紅と伊藤忠商事を創業した初代伊藤忠兵衛もその1人で、「商売は菩薩の業《ぎょう》、商売道の尊さは、売り買い何《いず》れをも益し、世の不足をうずめ、御仏《みほとけ》の心にかなうもの」と言ったそうだ。これが後に「三方よし」として広まったという。欧米の言葉を輸入した誰かが「経営はW・i・n－W・i・nだ」なんて言い出す前に（世界に流行らせたのは89年にアメリカで出た『7つの習慣』という本）、もっといい事、ようするに「商売はＷｉｎ‐Ｗｉｎ‐Ｗｉｎだ」と、昔の日本人が言っていた。

この「三方よし」は、タイで最初に起業した携帯販売業を閉じるとき、僕が身に染みて感じた教訓でもあった。こういうものが山ほどあって、格言や諺にまでなっている。

どうすれば難局をうまく打開できるかという教えが、本を何冊も読んだり、ネットを何時間もさまよったりするまでもなく、そこらじゅう至るところに転がっている。

どこにも転がっている情報なら、誰でも平等に接することができる。その情報にたどりつくのに、お金や、特別なテクニックが必要なわけじゃない。

それなのに、なぜ、うまくいく人とうまくいかない人、成功する人と成功できない人に分かれてしまうのだろう？

ＴＴＰ――徹底的にパクること。これが成功への近道だ

そこは「ＴＴＰ」の実践しだい、というのが僕の確信だ。

ＴＴＰとは「徹底的にパクる」ことである。

取捨選択しながら学ぶ必要も、新しい考えを生み出す必要もない。ただ徹底的にパクりさえすればいい。そうすれば、あなたのビジネスも人生も必ずよくなって、あなたは成功

へと近づく。もちろん、特許だの商標だの著作物だの、権利が法律で守られているものをパクってはダメだから、わかっていると思うが念のため。

徹底的にパクるＴＴＰの最重要ポイントは、「徹底的に」を１００％に近づけること。

ものすごく儲かっているラーメン屋さんを徹底的にパクりつくせば、絶対うまくいく。まったく同じ場所に店を出すことだけは、その店がそこにあるから不可能。でも、できるかぎりその店に近い立地条件を選んだうえで、店の作りもメニューも味も丼も接客方法も宣伝ビラもまったく同じにパクれば、儲からない理由がない。

「あの店のマネをしたけど、うまくいかない」という人は、味やサービスがちょっと違うなど、似ているが決定的に違う点が、必ずある。

うまくいくか、うまくいかないかは、その違いによって分かれているだけだ。

徹底的にパクるには、それなりの資金・時間・技術などが必要になる。たとえば、ラーメンの出汁をパクるには、煮込む材料や使う調味料を変えて繰り返し試作を重ねるといった努力を長く続けなければならないだろう。だから簡単ではないけど、少なくとも特殊な能力や新しい方法は、必要ない。

成功して地位や名誉やお金をつかむのは、むちゃくちゃ難しいわけじゃない。**成功事例を徹底的にパクりつくすこと。**——これが何よりも成功への近道である。ただし、ＴＴＰを実践し、成功した人や事例を完璧にパクった場合でも、うまくいかないことはある。何がダメだったか、言葉でうまく説明できず、〝運〟がなかったのだとしか言いようのない場合がビジネスにはある、と僕は思っている。

失敗だと思えば失敗。思わなければ失敗ではない

読者のみなさんには、何かに挑戦して成功したいと夢を追っている人が大勢いると思うが、失敗を恐れている人もいるだろう。独立して起業することを考えたが、失敗が怖いから会社に居続けている、という人も少なくないのではないか。

月並みな言い方になってしまうが、僕は「失敗した」と思ったことがない。**うまくいかないことが山ほどあっても、僕にとってそれは、つねに成功への道筋にある途中経過でしかない。**だから、途中で停滞したり、方向転換を余儀なくされても、僕は失敗と思わない。

失敗と思ったことがないから、僕には失敗した経験がない。

失敗とは何か？　「自分が失敗だと思ったとき」こそが、失敗なのだ。

ここでも成功した先人の言葉を引こう。白熱電球・蓄音器（レコード）・活動写真（映画）などを発明した**トーマス・エジソンは、「自分は失敗したことがない。たんに、うまくいかない方法を1万通り発見しただけだ」**と言った。あちこちで同じ言葉を繰り返したので、2万通りと言った、3万回だった、という話が伝わっているらしい。

白熱電球の仕組みそのものは、エジソンより前に考案されていた。エジソンは、電気を通したとき発熱して明るく光るフィラメントのところをさまざまな素材で試し、最終的に日本の京都の竹を使って電球の実用化に成功。途中やってダメだった何千回かの実験は、すべて失敗ではない、というわけだ。

僕と同じようなことを、エジソンが百何十年か前に語っていた。

失敗したと思わない僕は、物心ついたときから、自分は「失敗しちゃった。あのとき、こうやっておけばよかったな」と考えないようにしていた子どもだった。「後悔」なんて言葉を知らないうちから、後悔ということをしたくなかったようなのだ。

失敗したと思わなければ、ダメだと思わない。ダメだと思わなければ、後悔しない。

だから僕は、振り返って後悔ということを、したことがない。

これは、僕が楽観主義者だ、またはポジティブ思考の人間だ、という問題とは、ちょっと違う。理屈で動く合理主義者というところが色濃くある、と僕は自分のことを分析している。その僕が、合理的な理屈で考えていけば、失敗も後悔もしない生き方をするのがいいという結論しか出ない。だから、そうしている、といえばよいだろうか。

後悔しないことは、極端にいえば、自分が明日死んでもいいというように真剣な決断をしながら今日を生きることだ、といえる。もちろん明日も明後日も、1年後も10年後も、そのように生きていく。

たとえば、今日の自分が時間を費やし一生懸命考えて「右だ！」と決めたら、右の道を進む。1か月後に「正解は左だった」とわかっても、右と決めたことを後悔しない。そのときは「右は間違いだ」という貴重な経験を得たのだ。失敗でもなんでもないし、後悔するような話でもない。問題は、いつも真剣な決断をしたかどうかだ。

強い思いを持っているつもりだけど、失敗が怖いし、後悔もしたくないから、なかなか覚悟が決まらない。——そんな若い人が、僕の考え方を参考に、新しい挑戦の一歩を踏み出してくれることを、僕は願っている。

5

覚悟がすべてを変える75の言葉

"メンタル成功習慣"と行動する力

メンタル成功習慣と、行動する力をどう作る⁉

ここで僕のX（旧Twitter）から発信したメッセージを紹介したい。

これはすべて、僕の経験について考えを述べたもので、若い人や、ビジネスマン、起業をめざす人、会社経営者に向けて、発信したものだ。人との出会いと、ビジネス経験を通して実践して得た人生の「歩き方」「考え方」と「お金の稼ぎ方」が参考になれば、と考えたからだ。

その中でも特に、是非に参考にして欲しいと「覚悟と強い思い」に沿った言葉をここに集めてみた。

「覚悟のレベル」「稼ぐ意味」「『壁』について」「『能力』の心得」「リーダーとは」「なぜ、あの人はうまくいくんだろう」「自分を知る」「伝える力」「人を羨まず」といった9つの項目を軸にまとめたものだ。

これは、誰にでもできる〝メンタル成功習慣〟といえるものであなたの「行動する力」のヒントになるものだと確信している。

第2章のラストの「もしもあのとき」で「もしも」について述べたが、改めてここで付け加えたい。

人生をネガティブに考える人は、過去に対して「もしも」という問いかけをする。

「もしも、あの時、こうしておけば……」という後悔の思いである。

この問いかけと後悔は、今の結果を元にしたもので、深い息を吐いてふさぎ込み、活力と気力が削がれるだろう。

でも**ポジティブに考える人は「もしも」という問いかけは「現在」と「未来」に対してするだろう。**

「もしも今、こうすれば」

「もしも今、この行動を起こせば」

と、この前向きな「もしも」に従って行動するはずだ。

その「もしも」の問いかけと答えを、この章で示した。

改めて言いたい。覚悟がすべてを変える。

そうすれば必ず高い山に登れるし、険しい谷を越えていける自分を作れる。

覚悟のレベルをどこまで上げられるか

仕組み化で大事なのは「逃げ道を無くすこと」だと思う。

人間は基本的に自分に甘い。

甘いから逃げ道があったら逃げる。

たとえば会社でSlackを使うならLINEを禁止すればいいし、朝礼に参加させたいなら仕事の最優先事項を朝礼にすればいい。逃げ道がなければ言い訳できないし、言い訳できないから仕組み化ができる。

＊

すべての企業に共通する、経営者から見て優秀な社員は「会社の理念／方向性／バリュー／判断基準」などを理解して行動している人だ。

逆に「売上をあげてれば何してもいいでしょ？」という社員は優秀どころか組織破壊兵器だと思っています。

組織には法があり、法のなかで結果をだせる人が一番優秀。

新規事業をつくるときに大切なことを聞かれたので「覚悟」と言った。結局、新しいことをはじめるのもなんでも、どれだけ覚悟があるか。

覚悟があれば、ハードジンクスが「普通」になる。うまくいかなければ燃え、うまくいっても燃え続けられる。結局は覚悟があればなんでもできるし、なければすぐに諦めたり隣の芝生が青く見える。

＊

本は身銭を切らなければ知識にならないと言われるけど、これは社長も同じかもしれない。貯金から資本金を出して、借金して、連帯保証をするから圧倒的な当事者意識が芽生え「人生＝会社＝自分」という図式になる。退路を断って、逃げられない環境に身を置くことで馬鹿力が出る。不可能が可能になる。

＊

自責で行動するのが一番楽。
モチベーションの源泉を間違えない。
尊敬されたい／認められたいは歪む。
嫌いな人に嫌われても何も変わらない。
失敗は、マジで失敗じゃない。
友達の数より大切な人との質。
何が起きたかではなくどう解釈するか。
人生はマインドで０にも１００にもなる。

＊

宮本武蔵の「神仏を尊びて神仏に頼らず」のように、目に見えないものに感謝をする心を持ちながら、他力ではなく自力で生きるのがいい。たまたまうまくいった、誰かに頼ってうまくいっても、また大きな試練がある。結局は、自分が努力したことしか残らない。

＊

タイでの創業期を振り返ると、15円の目玉焼きを買うか迷い、30円のコーラを我慢して、すべてのお金を事業に回した。たかが数十円だけど、その姿勢に共感してくれる仲間が集まった。事業モデルやスキル以上に、経営に対して「ド真剣か」が成否を分けると思う。投資家からの信頼を勝ち取るのも結局それ。

＊

起業はリスクとよく言うけど、起業がリスクなのではなく「最悪の事態を想定して準備しておかないこと」が最大のリスクだと思う。もっと言えば、好きなことをやりたいのに「でもお金がない」など、どうやるかよりもできない理由ばかり考えるマインドになってしまったら人生の後悔リスクが跳ね上がる。

稼ぐ意味、それは本能に近い

モテたい
お金を稼ぎたい
良い車に乗りたい

すごいと思われたい
成功者だと思われたい
起業当初は低俗な欲求でいい。
年収が上がり、取引先が増え、社員が増え、それでもずっと低俗のままでいく社長が会社を潰す震源地になってしまう。

＊

社会人なら「稼ぎたい」でいい。社長なら「儲けたい」でいい。動機を隠して「社会貢献を……」と綺麗事を言う人は信用しない。稼ぐことがそもそも社会貢献で、利己的な欲求が満たされれば誰でも利他意識が高くなる。最初の動機は強ければなんでも良く、ニトロエンジンにして結果を叩き出す人が賢い。

＊

誰しも「楽に稼ぎたい」と思いますが、楽に稼げる仕事は「楽に奪われる」ので、やっぱり会社としても個人としても「楽に奪われない領域に努力していく」のが大切だと思う。

弊社は不動産業者のなかでも、ローンや確定申告領域まで包括しているので、参入障壁が高すぎるため奪われにくいという構造。

＊

30代から大きく稼ぎたいなら「情報強者と用がなくても会える関係になること」かも。僕も実際それで収益を生み出してる。情報強者がもつクローズドな情報がネット上に出ることはなく、インナーサークルに入って会う理由がなくても会う関係になれたら情報が手に入る。あとは情報を料理できる腕。

＊

楽して稼いだのではなく、みんなが休んでる間も学んだり働いたりして、数年間かけて地道に努力したものが形になっただけ。

不動産投資の不労所得も、融資が借りられる信用状態をつくり、物件を探し、業者と交渉し、自己資金を集め、リスクをとって借入し、運用した結果である。

汗水垂らしまくってます。

「壁」について

本気で挑戦して、本気で失敗した人は、ものすごく価値があるから一緒に働きたい。失敗で、人の弱さへの解像度が高くなる。大した失敗をしてない人は、みんな浅い。

*

ある人が「やりがいが無いから会社を辞めたい」と言ってたが、やりがいを感じるには「実力が必要」であり、実力をつける段階は「やりがいを求めない」のが正解です。「好きなことを仕事にしよう」という社会になって、やりがいまで到達するまえに次々とピボットする人が増えた気がする。

*

壁にぶちあたったとき、だれかのせいにするのは楽だし、だれかに依存して乗り越えるのもまた楽。でも楽をするほど必ず大きな壁になって返ってくる。

残酷にも壁を登る体力がなくなる40代に壁にぶちあたってる人は、壁が低い今のうちに登るのが人生の最適解。先延ばしせずに今日も向き合いましょ。

＊

ずっと平坦な道より、山あり谷ありの仕事人生のほうが面白いのは間違いない。山もいいけど、谷は「一生の仲間」がつくれる時間。

＊

仕事には、退屈、不安、怠惰がつきもの。

苦しいときこそ、易きに逃げない強さをもっていると、いずれ自己肯定感を上げてくれる。

自分をいちばん見てるのは自分。

今週も自分に打ち勝っていこう。

＊

人は「自分が知っていること」しか認識できないし「自分が経験したこと」でしか判断できないが、知識不足と経験不足であるという自分を客観的に見れていない人が組織に入ると問題の震源地になりがち。自分勝手に物事を解釈してしまう人を放置するのはマネージャーの怠慢。

*

人生には、必ず自分が乗り越えなければいけない壁が10ぐらいあると思う。それは多分30代までで8ぐらいある。その壁を自分で乗り越えず、誰かを頼って登ってしまうと、40代からの壁が8になる。効率とか生産性とか、そんな表面的な言葉に飲み込まれず、泥臭く生きよう。若いうちにきちんと壁を登ろう。

*

ここ40年くらい日本人の「自尊感情平均値」は下がり続けているみたいですが、人生を一言でいえば、いかに自尊心を高められるかのゲーム。嫌われたとか、失敗したとか、そんなことで凹む必要はない。

自尊心を下げてくる人から離れても何も問題は起こらない。

若いときに起業したら凄いみたいな風潮あるけど、ぶっちゃけた話、起業なんていつでもできる。副業でも挑戦できるなら、その権利を捨ててまで起業するのは賢い判断とは言えない。本業を捨ててでも実現したい何かがあるか、起業したほうがうまくいく準備ができたか、どっちかでいいのでは。

＊

結果を出せないリーダーがやりがちなのは、フラットな組織をつくり、楽しく働かせ、意見を吸い上げること。そんなことより100倍大切なのは「スーパー明確な役割」と「スーパー明確な責任」で、この2つが曖昧なら他の部分にどれだけ力を入れても無駄。勘違いリーダーは勘違い組織を作る。

＊

人は変化を嫌うもの。

だから分かっていても自分を変えられない。柔軟な頭を保つ為に僕は経験には投資を惜しまない。

能力の心得とは

買ってこれる能力と、買ってこれない能力があって、たとえば「経理ができる」「会計がわかる」「物を売れる」などは買ってこれる能力。

一方で「優秀な人間を巻き込んで事業を推進できる」というのは買ってこれない能力。

経営者は、買ってこれる能力は一切なくてもいいが、買ってこれない能力をどのくらいもっているかで優秀さが決まる。

その優秀さがあれば、たとえ頭がおかしくても成立する。

＊

仕事ができる人に共通するのは、何をやらないかが明確で、良い話を聞いても儲かりそうというだけでは飛びつかないこと。

一方で仕事ができない人は、何をやらないかが明確じゃなく、自分のキャパもわかっていないから、本業が忙しかったり能力が足りなくてもすぐに飛びつく衝動性がある。

＊

みんな洗脳されてる。

べつに大した実績がなくても、誇れるものがなくても、自分はダメなんて思わなくていい。

誰でも失敗はあるし、どん底まで落ち込むこともある。実績が出せる人は確かに偉いけど、何も実績がないからといって自分に価値がないと思う人は洗脳されてるだけ。未来はいくらでも変えられる。

＊

ブランド物を買っても、家を建てても、時間が経つほどに喜びが薄れていくのが人間。これは組織も同じではじめは顧客や社員に感謝していても、長く働くうちに薄れていく。

逆に言えば、薄れていかないように自分をマネジメントしている経営者が率いる組織は「まさか」が少ないと思う。

まともに経営して、失敗してしまった経営者を笑うなんてありえない。
失敗して何度も挑戦する経営者は尊敬しかない。

＊

＊

老害になる人の特徴

- 言い訳ばかりで行動しなかった
- 大した実績がない
- でも過去の自分を正当化する
- プライドが高い自信家
- 他人にアドバイスしたがり
- 年齢／立場が上の人にペコペコする
- 年齢／立場が下の人にやたら偉そう
- 機嫌を自分でコントロールできない

まわりにいませんか？

＊

成功した経営者が落ち目になって「一発屋」と揶揄してた人いたけどサービスをつくって一発あてるだけでもどれだけ凄いことか。

お前は一発あてるどころかリスクをとって挑戦することさえしてないじゃん。

＊

社員に対して「結果を出せ！」と発破をかけるのではなく「普通に頑張ったら結果が出る仕組みをつくる」のが経営者の仕事ですね。

＊

成功したと思ったら、もう次の新しいことをしている。過去の成功なんて頭の中から消えている。知らないことを謙虚に学ぶ。そういう人が「ずっと必要とされる人」です。過去の成功を語り、尊敬を集めようとする人の賞味期限は長くて3年くらい。人に必要とされたいなら、未来を見て挑戦するのが一番。

リーダーには何が最も求められるのか

創業者や自信過剰な人にありがちなのは、自分にとって都合がいい「人」や「情報」を集めてることに気づかないこと。肯定してくれる意見を過大評価し、本当に必要な否定意見を遠ざける。

気づけば裸の王様化。失敗しても自分の落ち度を受け入れられない。強い自信は時に身を滅ぼす。

*

新しいものを取り入れ老廃物を出すという、生命に必要不可欠な原理は組織も同じで、上層部にチャレンジングさが無くなり人やモノや金が滞留するようになるとあちこちで機能不全を起こす。

離職率も低ければいいというわけじゃない。どんどん取り入れてどんどん捨てる。

新陳代謝や変化がある組織が強い。

＊

仕事をする上で致命的なのは「承認欲求」「優越感」「嫉妬やプライド」などをマネジメントできない人。客観的な事実を元に合理的な行動をするのが正解なのに非合理な感情に振り回される。結果、成果に繋がるどころか信用さえも失う。自分を遥か高い視点から見るメタ認知は仕事にとって絶対に必須。

＊

起業家が何度も起業するのは、結果的に得られるお金や地位というより、大人が真剣になって集まってお金や地位を獲得するまでの「時間の価値を最大化できるから」だと思う。別の言い方をすれば、ゴールではなくプロセスの充実を求めた結果、仕事にハマるのが一番で、それが人生を豊かにするんだなと。

＊

経営者の「良い人がいない」は禁句。

どんな人を評価するか
どんな人を評価しないか
評価基準を満たす人だけ採用する。
採用後にエラーが起こったら、弊社ではその行動は評価できませんと率直に伝える。これで「良い人」が内側から生まれていく。

＊

結論、成功するために必要なのは「努力」と「胆力」と「運」。

＊

タイで起業して、７社バイアウトして、上場企業の役員になって、令和の虎にでて、もうたぶん数千人の経営者と会ってきたけど、彼ら彼女らが言う成功しない人の共通点は「行動しない人」でした。

行動しなければ失敗しないと思ってる人が多いけど、そもそも「行動しないと確実に失敗する」のが真実。

＊

経営者同士で話していると「誰からの紹介？」という話題がたびたびでる。人脈の強さは「誰から紹介されたのか」に比例するんですね。極端に言えば孫正義から紹介されると絶大な信頼があるということ。ということは、最初の1人の実力者に認められることが人脈づくりの第一歩。

つまり本業の実績が命。

＊

出資する側が偉くて、出資される側が下なんて一切思っていませんが「起業家が出資者に対してリスペクトがあるか」は極めて大事な要素。それは人を採用する時も、協業する時も同じで、相手に対してリスペクトがなければ関係性が絶対にうまくいかないんですよね。

人はロジックではなく感情で動くもの。

＊

今の若手が求めてる会社は、

- 上司との程良い距離感
- 適切な給与と適切な労働時間
- 評価制度、福利厚生が整ってる
- 管理職じゃない昇給の道がある
- 明確な役割がある
- 無駄なストレスを感じない
- 行事自由参加

オフィスが豪華とか、飲み放題とかではなく、ビジネスライクな職場なのかも。

＊

優秀なリーダーとは、自分はもちろんメンバーへの要求レベルが異常に高く、思考や行動に「甘さ」があれば徹底的に潰していく。逃げ出したくなる緊張感のなかで、弱い自分に強制的に向き合うことでストレスレベルも限界をこえるが、1年後に圧倒的な成長をメンバーにプレゼントできるリーダーが優秀。

＊

老子が、超一流のリーダーとは「親しまれて尊敬される人」ではなく「言葉が少なく目立たず、部下が何かを成し遂げたら〝自分でやり遂げた〟と思わせられる人である」と言ってて、なるほど！　と思った。そして2000年以上前の人の教えが現代でも通ずるのも凄い。時代は変わっても物事の本質は変わらない。

＊

令和の虎で「マネー成立しない人」の特徴は、ビジネスモデルというよりも、その人に魅力があるかどうかです。自分が困ってる、自分は凄い、虎の意見を聞き入れない、そういう器の人には投資できません。かくいう私も昔は意地やプライドの塊でした。経営は人がすべて、会社は経営者の人格がすべて。

＊

会社をスケールさせる秘訣は「経営者が本気でスケールさせる」であり、会社を衰退させる秘訣は「経営者が怠惰になること」です。承認欲求を満たす、贅沢に溺れる、人に任せて現場を見なくなる、経営にはあらゆる「精神的トラップ」があり、経営者が満たされるたびに本気度が削られ会社が衰退していく。

＊

上司は、部下よりもすべての面において優れている存在でなければいけない。

知識も知能もスキルも、部下に負けている上司は上司じゃない。

という盛大な勘違いをしてしまう新人上司が多い。

この前提でマネジメントしていると「無知だと思われたくない」「凄くなければいけない」と過度に思うからイキるんです。

だから　余計に舐められたりします（笑）。

なぜ、あの人はうまくいくんだろう

人付き合いが下手な人って、人付き合いが下手なわけではなく「用事がなければ連絡したら迷惑」だと過度に思ってる人かも。

人付き合いが上手い人って、人付き合いが上手いわけではなく「迷惑だろう」なんて頭によぎらず誘いまくれる人かも。誘われる人から誘う人になれば機会は何倍にもなるよ。

＊

「なぜ、あの人はうまくいくんだろう」の解像度を上げると「数年前からコツコツ努力してるのが形になった」だけ。

「天才だから」「裏技があるから」と勘違いしたら、数年後の自分のために今すべき努力を怠る。

表面だけを短絡的に捉えて、間違った理解をしちゃいけない。

結果は氷山の一角。水面下の努力の部分の解像度を上げていきましょう。

そうすれば、他人を羨むことも、横着することもなくなります。

＊

上司が絶対に言ってはいけない言葉

「私も不満があるが会社の方針だから」

「それ見つかったら社長に怒られるよ」

「どうやって責任とるの？」

「これお願いしていいかな」

「やれって言ったよな？」

「いま忙しい」

「で？」

「で？」

「で？」

＊

社員に努力をさせるのも、組織の文化をつくるのも「それが重要なことだと相手に思ってもらう」のがマネージャーの力量。

やれ！　と言ったり、やらないと罰則にして動かすのは簡単。でも重要度を上げなければすべて表面的な取り組みになる。すると「やってみたけどダメだった」というオチになる。そもそもの重要度が低いから、質も低くなる。この原因はマネージャーの中での重要度がそもそも低いから。もっと言えば経営者の本気度が低いから。

＊

「あの会社は凄い」と思うのは、みんなある。

そこで「自社のダメさを主張する評論家になる」のか「自社でもやってやろうと動く行動家」になるかで、社内で得られる信用や成長が180度かわる。要は、熱量や能力ではなく「考え方」「解釈の仕方」なんですね。能力と熱量にマイナスはないが、考え方にはマイナスがある。まさに稲盛イズムです。

＊

仕事を「労働」と考えるとつらくなるけど「ゲーム」と考えれば、困難というボスがでてくれば倒せばいいし、成長という名のレベル上げをすればいい。僕が苦労をしたことがないのは、ゲーム感覚で仕事をしているから。みなさんも、ゲームをしている人から「つらい」という言葉を聞いたことがないはず。

自分を知る

自己肯定感とは」「幸せとは」「人生とは」みたいなことをよく考える人って、ヒマなんですよね。夢中で仕事をしていたり、好きなドラマにハマってるときは、夏休みの子供のように充実しているからそもそもヒマがない。

考えても意味のないことを考えてしまう時は新しいことに目を向けろというサイン。

＊

おっさんになって唯一いいなと思えることは、感謝が深くなることかな。人の好意が心に染みるし、数少ない大切な人をより大切にするし、人と会ってるときはその人との時間を1分でも無駄にしたくないと思う。苦い経験をたくさんしてきたから、表面的じゃない本当の優しさがある人に心底尽くしたくなる。

＊

自信まんまんの40歳くらいの人が「自分が正しい」と思いこんでると、人に自慢と説得ばかりする。知らないことを学べず、耳が痛いことを言ってくれる人もサーッと離れていって孤独に拍車がかかり老害になる。

40歳こえても成長したいなら自信は控えめで、むしろ年下に舐められるくらいがちょうど良い。

＊

リアクションが薄い人って、めちゃくちゃ損してます。

相手から「つまらないのかな」「何を考えてるのかわからないな」と思われ、次の機会が減っていく。

一方で、全然つまらないことでも大笑いできる人はコミュニケーションが上手い、「また話したい」「自分の話は面白いのか」と相手に思わせて自信をもたせる。

結果、次のチャンスが広がる。

人生で、絶対に手放してはいけないのは「無駄な時間でも楽しめる仲間」です。
人生で、手放しても問題ないのは「目的がないと楽しめない仲間」です。
本当の人間関係は生産性とは真逆にある。大切な人を間違えないようにしよう。

＊

優秀な人は常に誰かに必要とされていて、さらに義理堅い方が多いので、巻き込みたくても時間がかかる。一方で、転職活動をしている人以外で、誘ったら会社を辞めてすぐに入社する人は、必要とされてない上に引き継ぎ業務も無く義理堅さも無い。

後者の人は「自分のために相手が何をしてくれるか？」というマインドがこびりついている場合が多いので、創業メンバーや重要ポジションにしたら組織が簡単に腐ります。

＊

有名な人に会いに行くより、有名な人から会いたいと思われる自分になるほうが断然いい。会いたいと思われてないのに会うのは押し売り、買いたいと思わせて売るから満足度につながる。この順番を逆にしない。今日も自分の課題に全力で向き合って乗り越えていきましょ。

＊

振り返ってみると、過去に大変だったことが後から考えると成功に繋がっています。大変な事の方が良い経験値になってます。逆に平凡な一日に成長はありません。だから自分は迷ったら常に「大変」で険しい道の方を選択するようにしてます。

＊

これは一つの真理だと思いますが、考え方を変えればうまくいくとわかってても、なかなか変えられないなら「考え方をツールくらい軽くしよう」というのがある。使えないツールはすぐ捨てる。

苦労や努力を「つらいもの」というツールから「楽しいもの」に変えたら、僕は人生がうまくいくようになった。

会社が大きくなり、自分の収入が上がるとある時から「これくらいでいいかな？」と思い出し、創業期のハングリー精神を失い失速していく。高すぎる目標は現実味がないからダメだと言いますが、ある一線を超えたあたりからは高すぎる目標がないと承認欲求が満たされて満足してしまう。理想は高く行こう。

＊

伝える力を、出し惜しみしない

伝え方一つで同じ仕事なのに大きな差が生まれる。全ての経営者やリーダーが意識しなくてはいけない石切場理論。

石を切るという仕事を

①石を切っておいて。とだけ伝える

そうすると奴隷のように石を切るだけの辛い仕事になってしまう。

②あなたの切っている石は教会になるんだよ。と伝える

①と同じ石を切るという仕事なのに働く意味が変わる。

③あなたの切っている石は教会になって、その教会には年間何百万人もの人が心の救いを求めに来るんだよ。だからあなたの仕事は人の心を救う仕事なんだよ。

と伝えると全く同じ石を切るという仕事なのに働く姿勢が変わるしモチベも違う。同じ石を切るという仕事なのに。

＊

起業したては背伸びをしたい時期であり、より大きな人脈を狙いがち。そんな時にある物差しを使ったらいい。それは相手にどんなメリットを提供できるか？　それがハマれば相手も話を聞いてくれる。自分のことばかり考えず、相手の立場になって考える。これはどのステージに行っても必須なスキル。

＊

人生には2つの大きな後悔があるらしい。1つは死ぬ前の「もっと挑戦しておけば良かった」。もう1つは親が死んだあとの「もっと両親を大切にすれば良かった」というもの。仕事に夢中になりすぎず、人生で本当に大切なものを大切にする生き方をしたいですね。「いつか」は2度とこないと覚えておこう。

＊

いつか伝えよう、いつかしてあげようと先延ばしにばかりしていると「いつか」の機会を永遠に逃してしまうかもしれませんよ。

＊

子供の頃、よく「人の話を聞きなさい！」と学校の先生に言われてた。なんでもかんでも鵜呑みにするのは良くないが、自分の考えだけに固執せず、一度立ち止まって周りの人の意見に耳を傾けることも大切なこと。

＊

ビジネスにも、小学1年から大学4年くらいのレベル感があって、自分が小学1年なら大学4年の人と知り合っても会話が釣り合わないんです。だからまずは「相手から見た自分」がどのレベルなのかを見極めなければいけない。本業を無視して、会食やゴルフや交流会を重ねても結局お金と時間の無駄になる。

＊

チャンピオン獲った途端、試合のオファーの電話が鳴り止まない。まだ、額を三針も縫ったところ抜糸もしてないんですがタイの国技だし、タイとしては外国人にベルトを所持されていることが問題みたいです。さっさと取り返してこいってことか。

＊

タイから日本に帰ってきて「人前で人を怒っている光景」を見るとゾッとする。それをタイでやったら「感情をコントロールできない無能」と思われ、パワハラどころか大事件になり、部下は呆れて辞める。あと、全員返信のメールで1人を責めるのもNG。厳しいことはクローズドな場で伝えるのが絶対ルール。

人を羨まずか歩めるか

人がもっているものを過大評価して羨《うらや》まず、自分がもっているものを過信して怠慢にならず、極めて客観的に自分をみて、日々やるべきことをやるのが一番いい。同時期にはじめたスタートアップが大規模な資金調達をしても、上場しても、心を乱されずに自分の課題に向き合う。そんな人が一番強い。

＊

若い頃は、つまらない意地を張って大切な人を傷つけたり、見栄やプライドのせいで自分を苦しめていた時期がある。「なんであんなことにつまらない意地を張ってたんだろう?」時が経てばそう思うことがほとんど。意地やプライドを手放して、素直な気持ちを伝えるようにいまは心がけている。

＊

結局、どんな場面でも素直が最強説。

6

未来へ向けて
これからやることは、もう決まっている

プロのムエタイ選手をやってベルトを目指す理由

僕は、連続起業家や経営者であると同時に、タイのムエタイ選手でもある。

ムエタイは「タイの国技」とされる格闘技。古式ムエタイが400年前のミャンマーとの闘いで役立ったといった伝説もある。欧米ではタイボクシングと呼ぶ（1960年代の日本で流行ったキックボクシングは、ムエタイを元に日本で考案された競技）。

ムエタイを僕の趣味と思う人がいるかもしれないが、ムエタイは僕の仕事の1つ。自分のビジネスを構成するパーツのうちの1つだ、と僕は思っている。

僕は世の男性諸氏——とくに僕と年齢が近い30代後半~40代の人たちに、「何事も不可能じゃないんだ」と伝えたい。格闘技のトップ選手はみんな20代前半で、そのころが身体的にピークであるのは当たり前。でも、もっと**年を重ねてから格闘技を始めても、真剣なチャレンジを続けていけば、チャンピオンにだってなれるんだ、と知らせたい。**

「あなた、会社社長で従業員もいるでしょう。ケガで1か月も休んだらたいへんだ。ムエタイなんて危ないスポーツじゃなくて、ゴルフかテニスにしといたら」と、ご親切に忠告してくれる人がいる。「いや、ゴルフの球だって頭に当れば死ぬことがある。ムエタイと一緒ですよ」と僕は答える。

僕がムエタイを始めたそもそものきっかけはダイエットだ。

始めて4か月ほどたった2020年ころ、新型コロナのパンデミックで体が接触するスポーツが敬遠され、人が集まらないので、通っていたジムが閉鎖されると聞いた。

赤字会社が大好物の僕は、すぐにこれに食いつき、ムエタイ選手でありながら、事業としてもムエタイ・フィットネスジムを経営し始めた。

いまは毎朝7時から10キロ走る。ミット打ち、サンドバッグ、筋トレなどのトレーニングも毎日かかさない。毎月上旬に東京へ行くが、スケジュールがパンパンに詰まっていてジムでトレーニングができないから、皇居の回りを走る。もちろん毎日の食事にも気を配る。ムエタイを始めてお酒はやめた。試合の前の減量が、いちばんきつい。

タイにはムエタイの団体が5つある。うち1つは僕がチャンピオンで、クラスはスーパーバンタム級（55・38キロ以下）。ほかの団体でもチャンピオンになって、ベルトを2本3本と増やしていきたい、と狙っている。

直近の試合は、2023年9月30日。ムエタイは3分3ラウンドを闘うが、1ラウンドの1分くらいで、たまたま相手の肘が顔に入り、額が切れてしまった。インターバルにワセリンを塗りまくったが出血が止まらず、2ラウンドで無念のドクター・ストップをかけられたのだ。ほかにダメージはなかったから、レフリーに「やりたい。まだやれます」と手を合わせて頼み込んだが、ダメだった。必ずリベンジするつもりだ。

相手選手は19歳で、なんと6キロも体重オーバー。でも、勝てる相手と思ったし、タイで一緒に働くメンバーや取引先の方も大勢応援に駆けつけてくれていた。前回の試合も相手選手の体重超過で流れてしまったから、試合敢行を決めた。

額を切るまでは、僕が試合のペースを握っていたから、「大和魂」「中年の意地」でかっこいいところを見せられると思ったが、残念だった。

試合に負けると、僕は一瞬「いくら毎朝ロードワークしても努力が報われない。もう辞めようか」と思う。次の瞬間「やっぱり続けよう。もっと練習に励もう」と思う。

当たり前だが、辞めるのは簡単だ。でも、僕は、いつも人に「挑戦せよ」「諦めるな」と偉そうに言っている。

その言葉どおり自分も、リングに上げていただけるかぎり、いつか努力が報われると信じて、諦めず挑戦を続けたいと思うのだ。

セレッソ大阪と組んで作ったサッカースクール

僕には「セレッソ大阪サッカースクール・バンコク校」代表理事という肩書きもある。これはセレッソ大阪と組んだサッカースクールのジョイント・ベンチャーだ。

サッカーのJリーグが掲げる理念は地域振興。地域に根差したクラブが、本拠地の「ホームタウン」でサッカーの普及や振興に努め、これを市民・自治体・企業が支援し、国からの助成も出ている。企業がチームを持つプロ野球と一線を画して、地域密着を重視するから、クラブの活動は地域に限定されている（もちろん試合の遠征は別）。

僕は、それは日本国内だけの話でしょう、海外に出るのはかまわないのでは、とJリーグに掛け合って、Jリーグで初の海外校を作らせてもらった。

２０１４年、僕はタイで、日本人子弟向けのサッカースクールを手に入れた。日本人経営者が赤字続きのスクールを閉じて帰国するという話が持ち上がり、例によって〝赤字大好物〟の僕が引き継いだのだ。たまたま息子が通っていて、楽しそうにサッカーをしていたスクールだった。

サッカースクールの黒字化を目指して運営し、2年ほどたったとき、もっとおもしろいことができないかな、Jリーグの海外校はどうだろう、と僕は考えた。

僕がタイで商売をさせていただいているのは、日本から仕事でタイに来る駐在員のみなさんだ。その人は、自分の考えでタイ行きを断ることも、単身赴任を選ぶこともできると思う。でも、その人の家族は、最終的にお父さんの言うとおりにするしかないだろう。

たとえば、日本で一生懸命サッカーに打ち込んで、かなりいい線までいき、プロを目指していた子どもが、家族でタイに移ることになってサッカーを諦めなければならないとしたら、これは気の毒な話。僕もサッカーやっていたから、悔しさがわかる。

でも、**タイにJリーグの下部組織と同じレベルのサッカースクールがあれば、その子は頑張っていたサッカーを続けることができる。**日本と変わらないサッカー環境をタイに作りたい。こう思って僕はJリーグに掛け合った。

セレッソ大阪バンコク校では、日本サッカー協会の公認ライセンスを持つプロ指導者が指導している。幼稚園年長組から中学3年までを受け入れ、週末や祝日に親子・女の子・幼児たちなどがサッカーを楽しめるイベントも開催。

バンコクのスクールに在籍した子がサッカー日本代表として活躍する日を、僕は心待ちにしているのだ。

日本独特の〝人を叩く文化〟が息苦しい

タイに住み、タイでビジネスをしながら日本を見つづけ、タイと日本で行ったり来たりを繰り返すと、日本について あれこれ考えさせられる。

日本という国や社会、そのなかで何十年と続けられてきたビジネスを、海外の視点から見ることになって、残念ながら、大きな問題点があると気づくことが多い。

日本には独特の〝人を叩く文化〟がある、と僕は思っている。十数年住むタイをはじめ何か国かでしばらく暮らしたが、他人を叩く人をほとんど見たことがない。

話を盛りに盛って「俺ってこんなに凄いぜ」と自分を持ち上げる人は大勢いたが、他人のあら探しをして自分より引き下げようとする人はいなかった。

ところが、日本では、他人の一挙手一投足をとらえて「許せない！」という人が多い。**失敗した人を見て「つまづきは誰でもあるさ」という見方にならず、失敗したその1点だけで「この人はダメな人」となってしまう。これは日本だけの文化だ、と思える。**

僕がメディアやYouTubeに出ると、僕の発言のごく一部を切り取って「安藤がこう言った」「これって男女差別では」などという。メディアも同じようなことをやっているし、そんな批判を気にしすぎて萎縮している。

日本にいると、僕は息苦しさを覚える。いつまで日本にこだわっても仕方ない、付き合っていると心が貧しくなっていく、とすら感じることがある。

日本では、なぜ、みんな何でもかんでも叩こうとするのだろう。

僕がよく言うのは、「日本が〝右向け右〟の国や文化だから」。

よくも悪くも右向け右。戦後の焼け跡から、あるいは震災の大被害から立ち上がって復興するときは、みんな一丸となって頑張るという、いい面もある。

でも、いまは極貧の人も大富豪もいない、一億総中流の金太郎アメみたいな状況で、人びとが一丸となって進む方向も見えない。

すると、みんなと違って自分だけの道を進む人は、とても目立つ。だから、なんだあいつは、と一斉に叩くことになるのではないか。

基本的に均質な社会で、小さな島から出ず、外と付き合わないでやってきた。

みんな一緒に村の中だけで暮らし、異端児をはじめ、はぐれた者ははみ出され、集団内での自分の位置を測るのに汲々《きゅうきゅう》とするばかりで、個人が確立していない。いつも強い同調圧力に流されてしまう。

これじゃ、情熱を失い個性なんか出しようがなくなってくる。

日本の厳格な物づくりが、世界で通用しなくなってしまった

多くの日本人が当然と思っているのに、海外では誰も当然と思っていないことは、ビジネスにうんざりするほどたくさんある。

たとえば、日本の家電製品が優秀で壊れないことは、世界の誰もが認めている。日本メーカーは、そういう製品を戦後の高度成長期から必死につくり、輸出して大成功した。

あるメーカーの人に聞くと、日本では、極論すれば「1万台に1台も不良品が出ない」ような物づくりをする。開発段階からコストをかけ、テストを繰り返して設計も改良。生産が始まったら、不良品をはじくため何重にも検査する。優秀な日本人が低賃金で働き、壊れず使い勝手のよい製品をつくったから、欧米メーカーを蹴散らすことができた。

ところが、賃金の安い中国が世界市場に参入して、話が違ってきた。

中国で急成長した家電メーカー「ハイアール」の初期の戦い方は、極論すれば「10台に

1台不良品が出てもいい。すぐ交換すればいい」と考える物づくりだったという。開発コストもかからない。日本製を買ってきて分解し、徹底的に研究し、マネして同じものを作ればいい。

このやり方で、今度は日本メーカーが蹴散らされてしまった。

「1万台で1台でも壊れたらダメ」が世界基準ならば、日本メーカーは従来どおりのビジネスを続けてもいい。でも、他国の企業が「10台に1台壊れていい」という基準を持ち込んできたら、従来のやり方では勝負にならない。

日本だけが厳しいルールでやっても、日本企業は弱くなる一方だ。これでは、日本企業は世界と戦っていけない、やり方を変えなければダメだ、と声を大にして言いたい。

かつての途上国が中進国となって、新幹線を走らせることになったというとき、日本・中国・韓国などが売り込みにいく。残念ながら、日本はいつも負けてしまう。

中国や韓国は、企業と政府が一緒になって「うちは国のギャランティ（保証）をつけますから」というような売り方をする。対する日本は、企業が「技術力を評価してほしい」と正攻法で売ろうとする。だから勝てない。正々堂々すばらしいやり方をしても、結局は負けて損してしまう。

ガリバーで僕の上司だった自衛隊出身の役員は、空軍では、言うことを聞かない味方機を後ろから撃って撃墜するといい、ビジネスは軍隊式がいちばんいい、と教えてくれた。海外企業が、政府と組んで、軍隊式の勝利至上・売上至上主義でガンガン攻めてくるとき、「ブラックなことはやりません、行儀よくルールどおりにやります」と迎え撃っても、勝てない。実際、**ここ10年くらいの間に日本で生まれた会社で、世界に通用している会社がいくつあるだろうか。**戦前にできたトヨタはじめ古い歴戦の会社しか、通用していないではないか。

最近の企業は、トップダウンより話し合いが大切、コンプライアンス（法令遵守）が大事と口をそろえていう　日本国内だけでビジネスするなら、それでもいいが、世界に出てグローバルな競争をするときは、それだけではうまくいかない。

そんな企業ばかりでは、日本という国はどんどん沈み込んでいく一途だろう。

そんな日本に、僕は何としても、もっとよくなってもらいたい。日本をもっとよくするために頑張りたい、と強く思っている。

若い人たちに伝えたい。特にはぐれ者扱いをされている若い異端児たちにもっと世界へ、アジアへ目を向けてほしい。

日本国を出て挑戦してほしい、と願っている。

団塊やその親たち世代の財産を食い潰してはならない

日本では、戦争を生き抜いた人たちが死に物狂いで頑張って、戦後復興を果たし、続く高度経済成長を実現し、それを引き継いだ団塊の世代の人たちが安定成長を支えた。

米ハーバードの教授が『ジャパン・アズ・ナンバーワン』という本を書いたのは1979年。

日本は80年代半ばに世界一の債権大国に躍り出て、90年ころには世界の大企業50社のじつに70%を日本企業が占めていた。

そんな日本の繁栄をもたらしてくれたのは、81（昭和56）年生まれの僕の、祖父母の世代から父母の世代（団塊の世代）くらいに当たる人たちだ。

この人たちが頑張ってくれたから、僕らの世代は食べるものにも住む場所にも困らず、大学にも行けたし、結婚も子育てもできた。東南アジアの田舎には、その日の食べものに困るとか、勉強したいけど農業を手伝うしかない、という人が、まだまだ大勢いる。彼らと僕らの違いは、たまたま生まれた国が違うというだけだろう。

だから僕らの世代は、明治の終わりから昭和の半ばにかけて生まれた日本人たちの貯金で生きている。その財産を食い潰しているドラ息子のような存在だ。食い潰しているうちに、日本はずいぶん貧しい国になってしまった。

でも、**僕たちがドラ息子から脱却しないまま、この日本を放っておけば、僕らの子ども世代や孫世代がおおいに困る。自分の祖父母や父母たちの世代を振り返る彼らに「あの世代がダメだったから、日本はこんなひどい状況になってしまったんだ」と言わせてはいけない。**このままではそうなりかねない、と僕は強い危機感を抱いている。

僕らの世代もいっそう頑張って、日本の状況を少しでも改善し、次の世代に引き継がなければいけないと思う。

読者のみなさんは、僕より10～20歳くらい若い人が多いだろう。僕ら世代の背中を見ながら、起業にビジネスに心血を注ぎ、よりよい日本を一緒につくっていってほしい。

そのための応援や協力を、僕は惜しまない。

2つの道があれば、難しいほうを選んできた

こうして自分の過去を振り返ると、僕は、ずいぶんやりたい放題をやってきたな、たく

さんの人に世話をかけ、心配させ、助けてもらったなあ、と改めて思う。

2つの道が目の前にあったら、いつも僕は、難しいほうの道を選んできた、とも思う。

ガリバーから独立して起業するとき、事情を知っているし言葉を覚える必要もない日本国内から始める道もあったが、この選択肢は瞬時に捨てていた。

「僕は、知らない場所で、世界で通用するだろうか。それを確かめたい」という思いが、とても強かった。腹が出てきたら困ると思って30代後半で始めたムエタイも、本格的にやらず、テニスかゴルフを楽しむ手もあったかも。ところが、「自分のムエタイは、40歳や45歳で通用するだろうか。確かめたい」という気持ちが、僕はむちゃくちゃ強いのだ。難しそうなことに挑戦して、その結果を知りたくて、たまらない。

考えてみれば、5歳か6歳でやった古タイヤをよっこらせとベルトコンベアに載せる仕事も、そうかもしれない。おじさんに「僕、工場の掃除をするから、お小遣い200円ちょうだい」と言えば、やらせてくれたに違いない。ところが、そんな発想はまるでなく、仲よしの大人たちがやっていることに、自分も挑戦したい一心だった。

スピードやトップダウンを重視する僕を戦国武将にたとえて「安藤さんは、織田信長型じゃないか」と言ってくれた人がいた。そう見えるかもしれないが、僕の本心は違って、自分は豊臣秀吉タイプなのではないかな、と思っている。

「鳴かぬなら 殺してしまえ ホトトギス　信長」「鳴かぬなら 鳴かせてみせよう ホトトギス　秀吉」「鳴かぬなら 鳴くまで待とう ホトトギス　家康」――この3つなら、せっかちだから家康はハナから除外。**信長よりは、できないと思われていることを、あれこれ創意工夫して、なんとか実現していくという秀吉がいい。**

「それ、無理だよ」と言われるとテンションもモチベーションも高まるところが、僕にはある。じゃあやってやるぞ、と方策をひねり出し、無理と言っていた連中をあっと驚かせてやろう、という感じがある。

妻へ、そして息子たちへ

そんなチャレンジの連続で多くの人を心配させてしまった僕が、とりわけ感謝の言葉もないと思うのが、いつもにこにこ見守ってくれる妻のことだ。彼女はタイ出身で、僕がタイに移ったころ日本へ勉強に来ていて知り合い、日を置かず結婚した。

42歳で、体重が6キロ重く20歳以上も年の離れた若者とムエタイを戦い、額を切って血だらけのドクターストップって、いったい全体何やってんの？——と心のどこかで思っているかもしれないが、何も言わない。これから僕が何をすると言い出しても、黙って必ずついてきてくれる。

妻には、いくら感謝してもしきれないが、いつか2人でゆっくり長旅に出たい。

「いつまでも元気で、よろしくお願いします」。ほかにかける言葉はない。

いま日本で中高に通っている息子2人には、「おかあさんをよろしく」という以外、これまたかける言葉はない。

息子たちが、そのまま日本に居続けても、タイに戻っても、ほかのどこかの国で勉強やビジネスをしても、**どんな職業に就いても、僕は一切かまわない。**もちろん兄弟バラバラでいいし、どこの国の女性をお嫁さんにもらっても、一生独身でもいい。自分で好きな道を選べばいい、と思っている。

ただ、**僕が両親から言われたように、何をやっても自分の人生、最終的に責任を負うのは自分自身だと忘れずに、とだけ言っておこう。**

タイの社員たちは、起業したてのころのような行き違いは影も形もなく、みんな楽しく働いてくれている。

社長が言うことではないが、あえていえば、僕の会社のオフィスは、タイでいちばんかっこいい。

オフィスは、働く人の快適な場所にすることがもっとも重要だが、もう1つ大切なのは「このオフィスかっこいいな。ここで働きたいな」と、会社に入ろうとする若い人たちに思ってもらうこと。そんなオフィスを、すでにつくった。

あとは自分自身を大事にして、自分が頑張れば会社もよくなり、最終的に自分がよくなる、と思って頑張ってほしい、と願うばかりだ。

次に僕がやることは、もう決まっている

若い人たちに、最後に強調しておきたいことがある。

将来、世の中が、具体的にどんなものになっていくか、という話だ。

じつは多くのことが、もうわかっている。人生100年時代。あなたがあと50年働くとすれば、起業から引退までの今後50年間に起こることは、すべて予想がついている。

日本も世界も、基本的に、そのようにしか動かない。

たとえば、日本の人口の減っていき方。日本のＧＤＰ（国内総生産）の推移。２０５０年の国別ＧＤＰベスト10（いまは米中独日英印仏伊加韓だが、ベスト3は中国・インド・アメリカの順となり、インドネシア・ブラジル・メキシコなどの新顔が食い込んでくる）。

こういうことが、現時点ですべてわかっているわけだ。

南海トラフ巨大地震や首都直下大地震がいつくるか日時は不明でも、どちらも50年間に必ず起こる、と日本政府が言っている。

ＡＩ（人工知能）は、必ず飛躍的な発展を遂げる。

いま人が書類をチェックしてハンコをついて上役に回覧したり証明書を出したりする仕事は、機械に読ませてチェックすればいい。役所の多くの仕事も、企業の多くの事務も、いらなくなる。

紙の新聞はなくなり、新聞配達という仕事は消滅する。スーパーやコンビニでは、レジに立つ販売員の多くが姿を消す。無人自動車も走りまわる。

国境というものは、ますますボーダーレスになっていく。

——否が応でも、そうなると決まっているのだ。

多くの仕事がＡＩや機械に取って代わられ、消えていくなかで、**人の関与が絶対に必要な仕事も残る。というより、人にしかできない仕事は、ますます広がって発展する。**

日本や世界は必ずこうなる、と大枠でわかっているならば、そうした情報を手に入れ、自分はどう生き抜いていくか、人びとに自分のどんな価値を提供できるか、しっかり考えていかなければいけない。

世の中が大きく変わるのに、自分の行動や考え方を変えないというのは、その人が、変えることを怖がっているだけの話だ。現時点で予測されているような時代に、将来は必然的になるのだから、変わることを恐れてはいけない。

僕は、次にやりたいことが決まっている。

まず、ＧＡテクノロジーズの海外事業。不動産業にたずさわる僕は、今後10年がどんな時代になるか、かなり高い精度でわかっている。だから、それに対応したビジネスを展開する。狙いは東南アジア・中国・インドとお話ししたとおり、まずアジア、そして世界へと挑戦を続けていく。

その先に何をやるかも、じつは決まっている。

2023年8月10日で42歳になった**僕は、50歳までに国会議員になり、この日本という国を少しでも変えていきたい、**と真剣に考えているのだ。

ベーシックインカム制度と子どもに18歳まで毎年200万円の給付案

国政で実現したい、と**僕が考えている政策は2つある。ベーシックインカムの実現と、出生率の向上**である。

第1のベーシックインカムは、性別・年齢・収入・居住地などに条件をつけず、すべての国民に毎月一定額の所得給付をおこなうもの。

いまは働く人の収入が正規・非正規で極端に違い、働いていない人の収入も、制度の違う年金や生活保護費ほか、さまざまな補助金・助成金の類いが乱立し、自治体の財政状況によって額が違ったりする。

こういうものを整理して、誰でも、たとえば月5万円を受け取る基本的な制度をつくれば、人びとの生活は安定し、将来への不安もなくなる。

1億人に月5万円を1年間支払えば、年に60兆円かかる。国家予算１１０兆円以上の55%を超えてしまう。「そんなお金、どこから持ってくるの?」と思うだろうか。でも、現在の公的年金の給付金総額は年53兆円。あれこれ整理すれば、実現不可能な数字ではない。

お年寄り1人でできるとは思えない煩雑《はんざつ》な手続きを強いる補助金だの、政権が思いつきの人気取りでおこなう現金給付だの、高コストで役所仕事ばかり増やす仕組みは一掃し、シンプルでわかりやすい基本制度をつくるべきだ。

払い込み額に応じて給付する既存制度からの切り替えで、不平等や損得が生じてしまうが、ここは国民的な議論を深め、みんなの知恵をしぼって乗り越える。

第2の出生率の向上は、いま1・26で過去最低となった合計特殊出生率(女性1人が生涯に産む子どもの数。2人を下回ると人口減)を、なんとか引き上げること。日本の出生率が激減すると、何十年も前からわかっていたのに、誰も有効な対策を講じないまま、**1年間に生まれる赤ん坊の数が80万人**を割り込んでしまった。

１９４７~49年生まれの〝団塊の世代〟は、誕生した赤ん坊の数が毎年２７０万人弱。

いまは、その3割しか生まれない。

このままだと日本の人口は2050年に9500万人くらいになり、そのとき日本人の5人に2人が65歳以上の高齢者になる、とされている。認知症の患者数は1000万人規模、と厚生労働省が報告している。

逆にいえば、出生率が向上して、子どもの数が増え、人口減少を食い止めることができれば、多くの問題が解決の方向に転じるだろう。

それには、女性が「子どもを産みたい」「産んだほうが、絶対いいことがある」と思える社会をつくっていくべきだ。

たとえば僕は、**日本で生まれた子どもには、18歳の誕生日を迎えるまで毎年、1人200万円を国が給付する制度をつくればいい、と思っている。**すでに触れたベーシックインカムとの調整は必要で、ダブって出すわけではない。

200万円を19回払えば、合計3800万円。「子ども3人の家庭には1億円以上出すのか。

「そんなバカな⁉」という人が、少なからずいるだろう。怒りだす人すら、いるかもしれない。

でも、荒唐無稽な話とは、僕は全然思っていない。

これを、日本という国が〝子どもたちに投資するビジネス〟として考えてほしい。

国や社会が、子どもに18歳まで2００万円分割で投じた3８００万円は、その子が働きはじめてから世を去るまでに、いくらになって国や社会に戻ってくるか？

その子が80歳までに国や自治体に収める税金の合計額だけでも、軽く数千万円だろう。その子は日々消費を続け（1割が税金）、ときに車や家など大きな買い物をする。その総額は生涯賃金と大差ないはずで、2～3億円で当たり前だ。国や社会は、この金額をその子から受け取るわけだ。

たった3８００万円19年間投資しただけで、その後60年間に2～3億円が戻る。こんなパフォーマンスのよい投資は、そうそうない。やらない理由がないではないか。

いまの政治や行政は、非常に細かく小さなことを縦割りの各論で進めていくから、問題解決の兆しが一向に見えない。

日本人には、大きなことを物事の縦軸と横軸を合わせた総論でドカーンと実行する勇気と思慮と覚悟が必要だ。

そう僕は痛感し、そのお手伝いができればいいな、と思いはじめている。

仕事をしてない年寄りの自分が、想像できない

僕は80歳まで生きるとしたら、あと40年近く、これまでの人生の倍の年月をすごすわけだ。100歳まで生きるとしたら、あと60年近くある。

よーし、ビジネスをやる時間はたっぷりあるぞ、と僕は思う。よぼよぼの自分が仕事を続けている姿は、なんとなく想像できる。

ところが、たまに、仕事から完全に引退した自分を考えてみようとするのだが、僕にはまったく何もイメージできない。孫と遊んでいるとか、美術館でずっと絵を眺めているとか、そういう自分の姿が1つもイメージできない。

だから、よいよいになっても一生、何か仕事を続けているんじゃないかな。

タイに骨を埋《うず》めるかどうかもわからない。タイにいようとも日本に帰ろうとも、考えたことがない。アメリカか南米か、アフリカあたりにいるかもしれない。たぶんそのときのビジネスの都合で、自分はここにいるのが最善、と判断した場所にいるんだろう。

僕は、本当に仕事が大好きで、趣味そのものなんだ。
趣味で庭の花木や盆栽の世話をせっせと焼いているお年寄りをよく見かける。ああいうように、僕も仕事という趣味をせっせと続けていくんじゃないだろうか。

人生は一度しかない。
僕の挑戦がどこまで通用するか結果を知りたい。

新しいチャレンジをわくわくしながら続けていれば、僕は全然くたびれない。

あとがき　このままでは日本はヤバい

僕の最初の本を、ここまで読んでくれて、本当にありがとう。

第4章のお金に関するところで、「自分にお金を払ってくれる人に、モノやサービスを通じて自分がどんな価値を提供できるか、ということに強くこだわらなければいけない」と話したことを覚えておいでだろうか。そのとき、提供する価値とモノやサービスの価格のバランスを、自分ならば買うか買わないかで判断する、とも付け加えた。

これは、僕がビジネスで非常に重視していることだ。

この本を読んでくださる人は、本代を負担し、自分の貴重な時間を長く割いて、僕と付き合ってくれる。だから、その人が費やしたコストに対して、この本には100倍1000倍、あるいはもっと大きな価値を持たせて、圧倒的なパフォーマンスを発揮させたい。そう思いながら、僕は書いた。

そんな思いは込めたつもりでいるが、そのとおりの本になったかどうかは、僕が決めることではなくて、読者のあなたしだいだ。

この本を読んで、「よし、起業の覚悟を決めたぞ」とスモールスタートし、会社を大きくして大成功した若者がいたら、この本は10万倍100万倍という投資効果があったことになる。そんな人が1人でも多く現れてくれればうれしい。

最近、日本という国は大丈夫なのか、と思わせる出来事が相次いでいる。

新型コロナは収束に向かったが、人びとは異常気象にてんてこ舞い。エネルギー価格高騰や急激な物価上昇で賃上げが目指されても、非正規で働く多くの人の状況は依然として苦しい。働き方改革が叫ばれて何年かたつが、人手不足や過労死問題が解決したとも見えない。

そうこうするうち、日本の2023年のGDPがドイツに抜かれたという。ドイツの人口は8400万人くらいだから、1億2300万人の日本の3分の2。ドイツ人1人あたりの稼ぎや豊かさは、日本人の1・5倍もあるわけだ。

このままでは日本はヤバい。誰でもそう思って当然の状況だろう。

日本は変わらなければいけない。日本の多くの企業や産業や行政も、変わらなければいけない。変わることを恐れていては、このままどんどん沈み込んでしまう。

そして、あなた方、若い人たちもだ。

多くの若者たちは、始まったばかりの長い人生の途上にいて、まだ完成した存在とはいえないだろう。

まだ、何者にもなっていない。だからこそ、これから何者にでも、なることができる。

若い人たちの前には、明るく広大な未来が開けている。

この日本で働き、ずっと暮らしていかなければいけない、と誰かあなたに強く言っただろうか。沈みそうな船にしがみつき、いつまでも残っていなければならない理由なんて、どこにもない。

あなたは、自分なりの強い思いを磨き、覚悟を決めて、自分を変えてほしい。

そして、一度きりの人生を、悔いなく生き抜いてほしい。

この本が、あなたの手がかりになることを、心から願って筆を置こう。

安藤功一郎　あんどう　こういちろう

1981年8月10日生まれ。神奈川県出身。大学卒業後、中古車販売・買い取りのガリバーに入社し、2年で東証一部上場企業の当時最年少部長に昇進。退職後、2005年にタイ王国へ渡り起業。タイでは旅行会社他8社を経営、7社をM&Aで売却するなど連続起業家として有名になる。2012年日本人駐在員向けの不動産会社ディアライフ（dear life）を設立し、20億円企業に発展させる。2022年5月東証グロース上場企業のGAテクノロジーズと経営統合し、現在は同社の執行役員として海外事業を担当。GAテクノロジーズ（タイランド）の代表取締役CEOを務める。現代版「マネーの虎」である「令和の虎」では虎（投資家）としてレギュラー出演。

ブックデザイン：塚田男女雄
カバー撮影：佐藤靖彦
ヘアメイク：山本紗也
編集協力：坂本　衛
協力：臼井正己

覚悟がすべてを変える　運とお金の正体

二〇二四年一月二十二日　第一刷発行
二〇二四年一月二十八日　第二刷発行

著　者　安藤功一郎
編集人
発行人　阿蘇品 蔵
発行所　株式会社青志社
〒一〇七-〇〇五二　東京都港区赤坂5-5-9　赤坂スバルビル6階
（編集・営業）Tel:〇三-五五七四-八五一一　Fax:〇三-五五七四-八五一二
http://www.seishisha.co.jp/

印刷・製本　モリモト印刷株式会社

ISBN 978-4-86590-165-8 C0095